Klaus Günter Roth • Markennummer 4298

KLAUS GÜNTER ROTH

Markennummer 4298

Eine Erzählung nach authentischen Ereignissen

Bibliografische Information der Deutschen Nationalbibliothek
Die Deutsche Nationalbibliothek verzeichnet diese Publikation in der Deutschen Nationalbibliografie; detaillierte bibliografische Daten sind im Internet über http://dnb.d-nb.de abrufbar.

Rheinstraße 46, 12161 Berlin
Telefon: 0 30 / 76 69 99-0
www.frieling.de

ISBN (Print): 978-3-8280-3639-0
ISBN (E-Book): 978-3-8280-3640-6

1. Auflage 2021
Umschlaggestaltung: Michael Beautemps nach einer Vorlage des Autors

Printed in Germany

Inhalt

Vorwort

Dieses Buch basiert auf wahrheitsgetreuen Berichten.
Es werden der Lebens- und Leidensweg sowie die weitere Entwicklung des Kindes zum Mann in aufregender Darstellung geschildert.
Dabei spielt der Zweite Weltkrieg und auch das spätere Entstehen der zwei deutschen Staaten eine ganz entscheidende Rolle.
Es begann 1938 im Ruhrgebiet und findet seine Vollendung in Sachsen.

Herbst 1944 – Kindheit im Krieg

Meine große Schwester Inge ruft uns schon wieder: »Hans und Klaus sofort raufkommen!«

Schade, wir waren gerade so schön in unser Spiel im Hinterhof des großen Wohnhauses in Rauxel vertieft gewesen. Aber es war schon gut so. Ordnung musste sein. Außerdem konnte unser Vater sehr streng sein, wenn wir Kinder nicht hörten.

Morgen würden wir wieder in unsere Birkenwäldchen am Rande der Stadt gehen.

Der Tag danach: Aus dem Spiel im geliebten Birkenwäldchen wurde nichts mehr.

Das plötzliche Aufheulen der Sirenen warnte uns vor den vielen Luftangriffen feindlicher Flugzeuge, die sich einige Minuten später von ihren furchtbaren Bombenlasten befreiten.

Von diesem Tag an wurde mein Leben verändert, was ich jedoch in meinem kindlichen Alter selbstverständlich nicht bewusst wahrnehmen konnte.

Zum ersten Mal erfuhr ich in meinem ach so jungen Leben, denn ich war ja erst sechs Jahre alt, was überhaupt Krieg ist.

Aus den bisherigen Erzählungen meines ältesten Bruders, der ja schon Soldat war, glaubte ich immer, dass der Krieg sogar etwas Schönes sei. Jedenfalls, wenn Wilfried Heimaturlaub bekam, so freuten sich meine Eltern und ganz besonders auch meine Schwester sehr auf seinen Besuch. Und alle in der Familie nahmen regen Anteil am »herrlichen Soldatenleben« meines großen Bruders. Was der so alles erlebte, da konnte man direkt ein wenig neidisch werden.

Mein lieber Bruder kam in einer schwarzen Uniform in seinem Urlaub zu uns nach Hause. Er sagte uns, dass er einen Panzer fahren würde.

Castrop-Rauxel

Der Angriff des feindlichen Kampfgeschwaders begann kurz vor dem Mittagessen.

Ich erinnere mich noch ziemlich genau daran.

Mein Vater wollte nicht mit uns in den nahe gelegenen Bunker gehen, er wollte inzwischen lieber das Mittagessen kochen. Erst durch das beharrliche Eingreifen eines Feuerwehrmannes brachte dieser meinen Vater dazu, dass er die Wohnung in der vierten Etage unseres Elternhauses ebenfalls zu verlassen hatte.

Vater ging aber trotzdem nicht mit uns in den Bunker. Von diesem Tag an habe ich meinen Vater viele Jahre nicht mehr gesehen. Das war im späten Herbst des Kriegsjahres 1944.

Heimatlos

Ach ja, die Flucht! Die begann eigentlich schon mit der Evakuierung, nachdem mein Elternhaus in Castrop-Rauxel im November1944 von einer Phosphorbombe völlig zerstört wurde, während wir im Tiefbunker waren, um uns vor den häufigen Bombenangriffen zu schützen.

So erlebte ich es zum Beispiel aus meiner kindlichen Erinnerung mit sechs Jahren.

Das waren meine ersten grausamen Bilder, die ich in diesem Krieg sehen musste. An der Stelle unseres Hauses war nur noch ein rauchender Trümmerberg zu sehen. Wir hatten plötzlich kein Zuhause mehr!

Von unserem Haus standen nur noch zwei Wände. Als wir nach der Entwarnung den Luftschutzbunker wieder verließen, stand der Rest unseres Hauses noch in Flammen und Rauch.

Am nächsten Tag, wir Kinder schliefen bei Freunden, versammelten sich alle Bewohner des Hauses vor der Ruine, aus der es immer noch qualmte. Eine von den zwei Wänden, die noch standen, war eine Küchenwand. Und daran hing noch mein Hampelmann. Ich glaube, der tat so, als wenn ihn das alles gar nichts anging. Den wollte ich ein paar Tage später natürlich haben. Keiner konnte mir jedoch diesen Wunsch erfüllen. Selbst mein sonst so mutiger Vater weigerte sich, in die Ruine zu klettern. Zu groß wäre das Risiko für ihn geworden. Es wäre für Vati lebensgefährlich gewesen, in der Ruine herumzuklettern.

Das konnte ich kleiner Bub selbstverständlich nicht verstehen.

An dieser Stelle möchte ich die Erinnerungen meiner zwölf Jahre älteren Schwester, mit ihrer ausdrücklichen Genehmigung und leicht gekürzt, wiedergeben:

»Ende Herbst 1944 kam Mutter mit Hans und Klaus aus Schlesien zurück, um für den Winter warme Kleidung zu holen.

Sie waren wegen der zunehmenden Luftangriffe im Sommer in das Ruhrgebiet evakuiert worden und lebten in Klein Öls bei Breslau.

Ihre Heimreise stand aber unter keinem guten Stern.

Im Ruhrgebiet – und so auch in Castrop-Rauxel – nahmen die Luftangriffe massiv zu. Das Leben spielte sich zunehmend unter Sirenenalarm-Bedingungen ab.

Als Luftschutzbunker diente uns ein Grubenstollen der Zeche Victor (Rauxel) der Klöckner-Werke AG.

Der Stollen bestand aus einem in Fels gehauenen, endlosen Gang, der war eiskalt und nass. Zum nächtlichen Sitzen waren Lattenbänke an den Wänden entlang aufgestellt, der verschlammte Boden war mit Laufbohlen abgedeckt.

Das Wasser tropfte von den Wänden und hinterließ auf der Kleidung Kalkflecken. In diesem Umfeld mussten wir oft ganze Nächte zubringen.

Der Bunker galt als sicher, es waren ja auch 500 Treppenstufen hinab ins Erdinnere zu steigen.

Am nächsten Tag ging aber das Leben mit den vielseitigen Pflichten für den Einzelnen weiter. Am 4. November 1944, mittags um 13.00 Uhr, stand auch unser Haus in Flammen.

Der Wohnbereich, inmitten der strategischen Industriebetriebe ›Klöckner-Werke GmbH‹ und ›Rütgerswerke und Teerverwertung AG‹, war mit Phosphorbomben eingedeckt worden.

Noch nach Wochen flammten erneut Brandherde auf der Straße auf.

Unser Haus, ein massives dreistöckiges Klinkergebäude, war restlos zerstört. An einer stehen gebliebenen Wand hing im ›dritten Stock‹ noch unsere Küchenuhr – ein weißes Stück Porzellan mit blauen Zahlen und Ornamenten. Ein gespenstischer Anblick in brennenden Trümmern – das letzte Stück von einem sechsköpfigen Haushalt.

Nach diesem Schicksalsschlag wurde uns als erste Schlafstelle die Wohnung einer evakuierten Familie zugewiesen.

Zur Wiederbeschaffung von Wäsche und Kleidung erhielten wir ›Bezugsscheine‹, aber ohne finanzielle Hilfe. Wir standen buchstäblich mit ›nichts‹ auf der Straße.

Das Leben wurde für uns – das heißt für Mutter mit uns zwei Kindern – immer bitterer.

Vater war im Sauerland ›dienstverpflichtet‹, Wilfried, der älteste Bruder, war Soldat.

Die Luftangriffe wurden immer brutaler, man war zu keiner Zeit mehr sicher, die für das tägliche Leben notwendigen Aufgaben durchzuführen.

So endete zum Beispiel die Aktion ›Baden‹ von Hans und Klaus in einer ›Volksbadewanne‹ – die nassen Körper in Decken eingewickelt, die ich als Bündel unter meinem Arm getragen hatte – in einem ›Zuckerhut‹. Das waren sogenannte Einmann-Splitterschutzunterstände. Wir mussten aber zu dritt unterkommen, denn zum Bunker im Stollen hätten wir es nicht mehr geschafft.

Am nächsten Tag haben wir das bestätigt bekommen: Die Erde war mit Bombensplittern übersät.«

So viel aus den Erinnerungen meiner Schwester Inge. Sie schrieb diese Erinnerungen in ihrem 81. Lebensjahr für dieses Buch nieder.

Dafür danke ich ihr von ganzem Herzen, weiß ich doch, dass diese Zeilen sie innerlich sehr aufgewühlt haben.

Da wir jetzt kein Dach mehr über dem Kopf hatten und wahrscheinlich niemand wusste, was aus uns Obdachlosen würde, erhielten wir Kinder ein paar Tage später ein großes weißes Schild um den Hals gehängt. Darauf stand, dass wir wieder evakuiert wurden.

Es war ein großes Glück, dass Mutti mit uns auf die Reise ging. Das Reiseziel war, wie schon im Sommer, Schlesien. Wir wurden in ein kleines Dorf, unweit der Landeshauptstadt Breslau, eingewiesen.

Ich erinnere mich noch sehr genau daran, dass mein Bruder von mir und Mutter getrennt wurde. Dabei dachte ich immer, dass mein lieber Bruder auf einem Rittergut wohnen würde, stattdessen war er aber bei einer Familie in einem schönen kleinen Häuschen untergebracht. Wie es meinem Bruder gelang, zu den Pferden des Rittergutes zu finden, ist mir bis zum heutigen Tag nicht in meiner Erinnerung geblieben. Ich erinnere mich aber noch sehr genau daran, dass er in meiner Heimatstadt bereits schon einige Zeit mit einem Fuhrunternehmer befreundet war, der unter anderem auch Pferde besaß. Was konnte also meinem Bruder Besseres passieren, als zu seinen geliebten Pferden zu kommen? Welch ein Glück für meinen Bruder!

Ich habe Hans in der Zeit unserer Evakuierung in Schlesien sehr wenig gesehen. Ich glaube, dies lag auch ein bisschen an den schönen Reitpferden.

Hans und ich waren zwei gut aussehende Jungen. Mutter war natürlich sehr stolz auf uns. Einmal hat sie für jeden von uns Jungen einen Pullover gestrickt. Noch heute ist es mir ein Rätsel, wie Mutter damals in Schlesien an die Strickwolle kam.

Jedenfalls hatte Mutter eines Tages einen Termin beim Fotografen des Dorfes und so entstand das wohl schönste Foto, das ich noch heute von ihr und meinem Bruder besitze. Selbstverständlich wurden wir in unseren neuen Pullovern fotografiert. Als das Foto entstand, war mein Bruder acht und ich sechs Jahre alt und Mutti war auch noch sehr jung. Dieses Foto befand sich viele Jahre im Besitz meiner Schwester Inge. Ich bin sehr froh darüber, dass sie mir inzwischen diesen kleinen Schatz überlassen hat.

So vergingen die Monate. Es war ein bitterkalter Winter in Schlesien im Januar des Jahres 1945.

Doch es war zum Glück viel Schnee vom Himmel gefallen und ich konnte auf dem Dorfanger mit den anderen Kindern jeden Tag rodeln gehen. Von Mutter wusste ich, dass auch noch viele andere Kinder ihr Zuhause verloren hatten.

Nun hatte ich mich schon in der fremden Umgebung eingelebt, ich fühlte mich fast wie zu Hause.

An mein zerstörtes Elternhaus dachte ich gar nicht mehr. Doch eines Morgens war kein Kind auf dem Rodelhang am Dorfanger zu sehen. Es waren auch keine Leute von dem Bauernhof zu sehen, auf dem ich mit meiner Mutter wohnte. Auch war mein Bruder auf einmal ganz überraschend bei uns. Und nicht zum ersten Mal hörte ich plötzlich wieder dieses verdammte auf- und abschwellende Geheul einer Sirene. Nur dass ich es diesmal nicht in meiner Heimat, sondern in der Fremde wahrnehmen musste. Ich wusste sofort, was die Stunde geschlagen hatte.

Abbildung 1: Mein Bruder Hans vor seiner damaligen Unterkunft

Irgendjemand schrie: »Die Russen kommen!«, und alle Leute rannten ganz aufgeregt im Dorf herum. So jedenfalls habe ich es mit meinen sechs Jahren jedenfalls empfunden. Plötzlich war die Angst wieder da; sie übertrug sich auf alle Menschen, die sich vor dem Gauamt des Dorfes versammelten. Durch den Gauleiter wurde den Herumstehenden mitgeteilt, dass die feindliche Armee, aus Osten kommend, in Kürze in »sein Dorf« einmarschieren würde und deshalb alle Bewohner unverzüglich das Dorf zu verlassen hätten. Das war natürlich die Übersetzung meiner Mutter in eine verständliche Sprache für uns Kinder.

Den Vorrang erhielten selbstverständlich die evakuierten Familien, für die auch schon Militärfahrzeuge der deutschen Wehrmacht bereitgestellt wurden. Meine Mutter, mein Bruder und ich mussten in einen Sanitätskrankenwagen einsteigen. Als Geleitschutz waren auch zwei Soldaten dabei. Die Fahrt ging über eine lange Zeit. Ich erinnere mich, dass wir mehr standen als fuhren. Aus den Gesprächen der begleitenden Soldaten konnte man entnehmen, dass unser Konvoi von feindlichen Flugzeugen häufig beschossen wurde.

Meiner Mutter habe ich ihre Angst nicht angemerkt, zumindest zeigte sie uns Kindern nicht ihre Gefühle in dieser Situation.

Im Krankenwagen war es sehr kalt. Wir befanden uns im hinteren Teil des Autos, die Seitenscheiben waren völlig vereist, und so konnten wir nicht sehen, was sich da draußen abspielte Das war vielleicht auch ganz gut so.

Mutter wärmte uns mit Decken aus dem Fahrzeug und wir kuschelten uns an sie, wahrscheinlich so lange, bis wir einschliefen.

Dabei haben mein Bruder und ich nicht einmal bemerkt, dass Mutter uns mit ihrer Decke noch zusätzlich warm halten wollte. Für diesen freiwilligen Verzicht wurde unsere liebe Mutter wahrscheinlich wenige Monate später sehr krank.

Auf diese Weise haben mein Bruder und ich die Fahrt bis Breslau überstanden. Diese große Stadt musste wohl schon einige Bombenangriffe hinter sich haben. Überall Rauch und Flammen, so weit das Auge reichte!

Wir liefen durch zerbombte Straßen und viele Häuserfronten sahen so aus wie unser ausgebombtes Elternhaus in Castrop-Rauxel.

Es war schon dunkel und wir hatten noch keine Unterkunft. Du lieber Gott, was musste Mutter mit uns durchmachen!

Es war kalt, wir froren und wir hatten Hunger. Auf einmal befanden wir uns in einer Turnhalle. Man hörte ständig Befehle und lautes Schreien auf der Straße. Im Übrigen waren wir immer in großer Gefahr. Die Angriffe der feindlichen Flugzeuge und deren Bombardierungen hielten die ganze Nacht an. In bedrohlicher Nähe der Turnhalle schlugen ständig die Fliegerbomben ein.

Ich glaube noch heute daran, dass der liebe Gott in dieser Nacht seine schützende Hand über die Turnhalle hielt. Leider konnte unser Herrgott aber nicht überall zur gleichen Zeit sein. Das sah man am nächsten Tag.

Im Umkreis unserer nächtlichen Unterkunft stand kein Haus mehr. Überall hörte man Namen rufen, viele Menschen weinten, und es brannte und rauchte in den Straßen mehr denn je.

Diese Dinge habe ich in meinem ganzen bisherigen Leben nie vergessen, sie sind mir immer in Erinnerung geblieben.

Doch es sollte noch schlimmer kommen. Die nun folgende Bahnreise aus dem bereits von feindlichen Armeen besetzten Teil Deutschlands übertraf aus meiner Sicht und in meinem kindlichen Empfinden alles bis zu diesem Zeitpunkt Erlebte um ein Vielfaches an Grausamkeiten. Wir Kinder hatten wahnsinnige Angst.

Am späten Nachmittag dieses Tages rannte Mutter mit uns Jungen zum Bahnhof. Ich bin fest überzeugt, dass ich hier das erste Mal richtig laufen gelernt habe.

Mutter wollte unbedingt einen ganz bestimmten Zug erreichen. Sie hatte erfahren, dass vom Hauptbahnhof Breslau noch ein Zug nach Thüringen fahren würde.

Im Personenzug nach Thüringen

Hauptbahnhof Breslau im Januar 1945

Der Bahnsteig war so voller Menschen, dass durchaus die Gefahr bestand, die Mutti oder meinen Bruder in diesem Gedränge zu verlieren.

Und alle wollten sie zur gleichen Zeit einsteigen!

Irgendjemand hob mich Knirps durch ein heruntergelassenes Abteilfenster in den Waggon. Da wurden die Fenster ja noch mithilfe eines Lederriemens nach unten oder nach oben gezogen. Bisweilen ging das aber auch nicht, weil die Lederriemen von irgendwelchen Strolchen abgeschnitten worden waren. In dieser Zeit hatten die meisten Waggons der Deutschen Reichsbahn noch für jedes Abteil eine separate Tür. Im Abteil selbst wurde ich in das Gepäcknetz befördert. Na, wenigstens war ich gut aufgehoben. Ich lag in luftiger Höhe und Mutti hatte einen Fensterplatz schräg unter mir ergattert. Mein Bruder muss wohl unter mir einen Sitzplatz gefunden haben oder er saß vielleicht auf einem abgestellten Koffer.

Irgendwann ging die Fahrt endlich los. Der Zug fuhr sehr langsam aus dem Bahnhof heraus. Wenn die Rauchwolken der Lok es zuließen, konnte ich aus meinem »Hochsitz« die beleuchteten Weichen der Gleisanlagen bestaunen. Jahre später nach dieser Fahrt hatte ich noch immer den Eindruck, dass der Zug damals nur in einem großen Kreis fuhr. Dann, irgendwann, waren die Weichen und Gleise neben dem Zug verschwunden. Der Zug wurde schneller und ich in meinem Gepäcknetz immer müder, bis mich trotz aller Neugierde, aus dem Fenster schauen zu wollen, dann wohl doch der Schlaf überraschte.

Unser Zug fuhr inzwischen durch die Unendlichkeit der weiten schlesischen Wälder. Trotz aller Müdigkeit, die mich in meinem »Hochbett« überfallen hatte, wurde ich wieder wach, wahrscheinlich weil der Zug stand und ich gleichwohl die gespenstische Stille im Abteil im Unterbewusstsein wahrnahm. Mutti muss mich gut beobachtet haben, denn als ich sie rufen wollte, hielt sie mir sofort mit ihrer Hand den Mund zu. »Pst! Sei ganz still und hab keine Angst, Klaus.«

Vielleicht war ich aber auch wach geworden wegen des ab und an heftigen Zuknallens der vielen Abteiltüren, die am gesamten Zug vorhanden waren. Ich konnte aus dem Abteil durch das Türfenster erkennen, dass der Zug stand, mitten im tiefen und sehr gespenstischen dunklen Wald. Aber warum war in unserem Abteil und wahrscheinlich auch in den anderen Waggons kein Laut zu hören?

Angst und Entsetzen breiteten sich im Zug aus. Das habe ich später von meiner Mutter in Erfahrung gebracht.

Ab und an hörte man jetzt Schreie von Frauen und Kindern, die sich im und außerhalb des Zuges befanden. Es war aber niemand zu sehen. Wenn ich aus dem Fenster schauen wollte, wurde ich von Mutter sofort wieder in das Gepäcknetz zurückgedrückt. Alles, was ich sehen konnte, war der dunkle Wald.

Als ich Mutter fragte, warum wir wieder standen, versuchte sie mir zu erklären, dass Flugzeuge über dem Wald flogen und der Zug deshalb stehen bleiben musste.

Nach einer kurzen Weile ging es tatsächlich weiter. Aber nicht lange. Als wir wieder standen, wurde plötzlich unsere Abteiltür aufgerissen.

Ich erinnere mich sehr genau:

Draußen, in der Dunkelheit, standen Leute mit Gewehren und schrien meine Mutter an. Ich konnte nicht verstehen, was sie von meiner Mutter wollten. Sie schrien immer lauter und plötzlich wollten sie meine Mutter aus dem Abteil zerren.

Unser großes Glück bestand darin, dass der Zug auch von einigen mutigen Männern begleitet wurde. Diesen Männern gelang es, die Frauen und Kinder in unserem Abteil zu beschützen.

Vielleicht hat uns aber auch der liebe Gott geholfen, jedenfalls wurde das Gesindel außerhalb des Zuges davongejagt. Die Männer aus unserem Abteil waren Soldaten, die zur Begleitung im Zug dabei waren. Jedenfalls haben sie die Gestalten aus dem Dunkel wieder in den dunklen Wald zurückgejagt und meine liebe, liebe Mutti blieb uns erhalten.

Erst Jahre später habe ich erfahren, was dieses Lumpenpack mit den Frauen und Kindern angestellt hat, bei denen es gelang, sie aus dem Zug zu zerren.

Dann fuhr der Zug weiter und ich glaube, er hielt auch nicht mehr. Am anderen Tag kamen wir in der Heimatstadt meines Vaters an. Der Zug erreichte den Hauptbahnhof Greiz in Thüringen.

Damit begann ein weiterer neuer Lebensabschnitt in unserer Familie. Wenn Mutter auch nur im Geringsten geahnt hätte, was auf sie und uns Jungen zukommen würde, sie hätte auf der Stelle kehrtgemacht und wäre mit dem erstbesten Zug in Richtung Ruhrgebiet, also weiter nach Castrop-Rauxel gefahren.

Ostern 1945 war schon vorbei, aber die Osterüberraschung erhielten wir, als Mutter sich mit uns Kindern in der elterlichen Wohnung meines Vaters einfand. Vaters Mutter, also die Oma, nahm uns zwar auf, doch von einem herzlichen Wiedersehen konnte da wohl keine Rede sein.

Wir waren schließlich unerwünschte Flüchtlinge und entsprechend wurden wir von Mutters Schwiegermutter behandelt.

Es war schrecklich! Wir waren nicht erwünscht! Diese Oma empfand es wahrscheinlich als eine lästige Pflicht, uns aufnehmen zu müssen.

Ich erinnere mich: Zum Beispiel war Oma so geizig, dass sie ihre Lebensmittel vor uns versteckte. Und wir hatten immer Hunger!

Einmal roch es in der Wohnung nach frisch gebackenem Kuchen. Freiwillig bekamen wir von der Oma kein Stück davon. Aber im Laufe der Zeit hatten wir wohl den Spürsinn einer Hundenase bekommen. Wenn die Oma ihr volles Backblech in den Backofen schob, mussten wir nur noch aufpassen, wohin sie den Kuchen jedes Mal versteckte. Wir brauchten nur zu warten, bis Oma außerhalb ihrer Wohnung war, und dann ging es ganz einfach nur immer dem verführerischen Geruch, welcher der von ihr versteckte Kuchen ausströmte, nach. Und siehe da, in ihrem Schlafzimmer, unter dem Bett, befanden sich tatsächlich zwei große volle Kuchenbleche. Wir freuten uns sehr, einen Zuckerkuchen und einen weiteren Kuchen – mit herrlichen großen Butterstreuseln – entdeckt zu haben.

Meine Mutter sagte einmal, dass die Oma eigentlich gar nicht so geizig sei; jedenfalls »versteckte« sie die Kuchen immer so auffällig, dass wir Lausbuben nicht bemerkten, wie sie sich tatsächlich über unseren gelungenen Fund freute.

Wann hatten wir eigentlich das letzte Mal ein Stück Kuchen gegessen? Wir Kinder konnten uns jedenfalls nicht mehr daran erinnern.

Das war natürlich etwas Außergewöhnliches für uns »Flüchtlinge«! Wir Kinder waren da nicht zimperlich. Es war uns völlig egal, welche Folgen es haben würde, wenn wir uns einfach bedienen würden. Wir stopften uns den Mund voll, was auch immer hineinging.

Ich war mir mit meinem kindlichen Instinkt absolut sicher, dass Mutter Verständnis für unser »Vergehen« hatte.

Aber Mutter ärgerte sich ohnehin ständig über das Verhalten ihrer Schwiegermutter. Da sich das Verhältnis zwischen meiner Mutter und der Oma absolut nicht freundschaftlich entwickelte, ging Mutter eben auf Wohnungssuche.

Kurze Zeit später erhielten wir eine Wohnungszuweisung. Wir konnten eine kleine Wohnung beziehen. Ein Zimmer mit Küche; Plumpsklo im Treppenhaus eine halbe Etage höher.

Selbstverständlich hatte dann Mutter abends nichts mehr in der Küche zu tun. Wir Kinder mussten spätestens gegen 8.00 Uhr im Bett legen, denn in der Küche befand sich auch noch ein einzelnes Bett, in dem ich mit meinem Bruder jede Nacht zusammen schlafen musste. Mein Bruder schlief an der Wandseite und ich an der Seite, aus der man auch mal im Schlaf aus dem Bett herausfallen konnte.

Wir waren aber sehr glücklich, endlich nach so langer Zeit ein »eigenes Zuhause« zu haben.

Irgendwann, nach Ostern 1945, erschien eines Tages plötzlich unser Vater wieder auf der Bildfläche. Wir Kinder hatten uns schon daran gewöhnt, dass wir eigentlich ohne unseren Vater ganz gut auskamen. Es war aber bestimmt besser, dass Vater wieder bei uns war. Wie hätte denn Mutter, allein auf sich gestellt, uns Jungen weiterhin über die Runde bringen sollen?

Ein weiteres Ereignis, vielleicht von sehr bedeutendem Ausmaß, von uns Kindern mit großer Neugierde beobachtet, war eingetroffen: Über Nacht war die Stadt von amerikanischen Soldaten besetzt worden.

Der Krieg war ja noch nicht beendet und fremde Soldaten marschierten in Greiz ein. Es waren Amerikaner.

Da die wirtschaftliche Lage in der Stadt katastrophal war, die Lebensmittelrationierung der Bevölkerung so gut wie am Boden lag und viele Dinge des täglichen Lebens nur als Raritäten aufzutreiben waren, gingen viele Leute aus der Stadt – auch wir Kinder – gerne zu den amerikanischen Soldaten, um sie anzubetteln.

Die amerikanischen Soldaten waren diesbezüglich sehr großzügig.

Wir Kinder lernten sogar auf Amerikanisch betteln. Auf diese Art und Weise erhielten wir neben Kaugummi tatsächlich auch schon mal eine ganze Tafel Schokolade.

Mein Bruder Hans hatte sich mit einem amerikanischen Koch angefreundet. Die Küche der amerikanischen Soldaten befand sich direkt im Seitenflügel des Greizer Hauptbahnhofs. Oft brachte uns mein Bruder, wenn er bei seinem amerikanischen Freund war, ein gutes Mittagessen mit.

Vater wollte nun auch seinen Anteil von diesem Wohlstand haben und versuchte an amerikanische Zigaretten zu gelangen. So einfach war das aber nicht. Bei aller Freundschaft, Zigaretten gaben die Soldaten nicht gerne. Vielleicht hatten sie selbst nicht genug.

Da Vater ein starker Raucher war, blieb uns Jungen nichts anderes übrig, als Kippen von der Straße aufzulesen. Oft genug fanden wir auch halbe Zigaretten. Natürlich waren wir nicht die einzigen Kinder, die Kippen sammelten, und wir müssen uns deshalb auch bis zum heutigen Tag nicht schämen.

So konnten wir wenigstens unseren Eltern auch ein bisschen Freude bereiten.

Gerne denke ich noch heute an die wunderbaren amerikanischen Soldaten zurück – Menschen, die uns Kindern immer freundlich begegneten.

Doch so plötzlich wie die Amerikaner gekommen waren, so plötzlich waren sie auch wieder verschwunden. Ein paar Wochen später, es war im Mai 1945, waren SIE da!

Die Russen kamen! Als Sieger eines furchtbaren Krieges, in dem wir unser Elternhaus verloren hatten und unendlich viele Strapazen einer Flucht hatten erleiden müssen.

Im Gegensatz zur freundlichen Begrüßung der Amerikaner vonseiten der Bevölkerung waren bei dem Einmarsch der russischen Truppen kaum Menschen auf der Straße zu sehen. Das hatte für mich den Vorteil, dass ich, während ich am Straßenrand stand und wartete, viel Platz hatte. Man konnte die Hauptstraße sehr weit überblicken, sie verlief schnurgerade von der Greizer Schlosskirche bis zum Horizont in Richtung Stadtmitte in Greiz.

Noch weit entfernt, sah ich auf einmal merkwürdig aussehende Autos mit hohen Schornsteinen. So etwas hatte ich noch nie gesehen. Sie kamen immer näher und ich wurde zunehmend neugieriger. Als die ersten Fahrzeuge an mir vorbeifuhren, holte mich auf einmal ein russischer Soldat und setzte mich auf ein Auto obendrauf. Und dieses Auto hatte so einen Schornstein.

Von diesem Soldaten erhielt ich ein schönes großes Stück Brot, das mir auch sehr gut schmeckte. Hunger hatte ich ja immer. Ich habe schnell gelernt, dass es sich um eine Feldküche handelte oder, wie der Volksmund sagt, eine sogenannte fahrende Gulaschkanone, und vielleicht war der Soldat auch ein Koch. Ich durfte bis auf den Marktplatz mitfahren und es hat mir sehr gut gefallen. Leider habe ich den Soldaten nie wieder gesehen.

Von diesem Erlebnis habe ich noch oft zu Hause erzählt. Ich weiß aber nicht, ob es meinen Eltern jemals gefallen hat.

Vater war in dieser Zeit ohnehin ständig mit seinen Nerven am Ende. Auch in der nun neuen staatlichen Ordnung – wir wurden inzwischen die sowjetische Besatzungszone – waren die Lebensmittel sehr knapp.

Daher war die Sorge meiner Eltern, uns Kinder möglichst nicht hungernd sowie heil und gesund über diese sehr schlimme Zeit zu bringen, sehr groß.

Jetzt begann die große Zeit der Selbsthilfe in der Bevölkerung. Viele Leute aus der Stadt gingen über Land, um mit den Bauern zu handeln. Mein Vater machte da auch keine Ausnahme. Man nannte dies im Volksmund auch »Hamstern«.

Vater entpuppte sich als ein hervorragender Hamsterer. Wir wussten, wenn Vater wieder hamstern gegangen war; er kam nie mit leeren Händen zurück. Er schaffte es immer wieder, seine Familie für einige kurze Zeit zu versorgen!

Wir Kinder konnten uns kein Bild davon machen welche Kraft und

Mühe es Vater kostete, um für die Familie so zu sorgen, damit der Hunger ein wenig gestillt wurde.

Alles, was die hungernde Stadtbevölkerung an Kunstgegenständen – zum Beispiel Gemälde, Vasen und anderes hochwertiges Porzellan sowie auch hochwertige Tisch- und Bettwäsche und vieles andere mehr – auftreiben konnte, wurde zu den Bauern in den umliegenden Dörfern geschleppt.

Hauptsache wir hatten etwas zu essen!

Wir, als ausgebombte Flüchtlinge, hatten aber nichts zu tauschen. Darum bewundere ich meinen Vater noch heute, wie er es fertigbrachte, seine Familie in dieser schlimmen Zeit mit Tauscherrungenschaften zu versorgen.

Ich erinnere mich: Vater konnte sich maßlos über die Bauernschaft erregen, mit welcher Habgier diese Leute ihre Tauschgeschäfte abwickelten. Einmal kam es sogar vor, dass Vater für einen Sack Kartoffeln hochwertige Damastbettwäsche einem Bauersmann zum Tausch anbieten musste. Woher Vater die Bettwäsche hatte, weiß ich nicht, vielleicht war sie sogar aus seinem Elternhaus, sozusagen sein Erbgut. Ein anderes Mal durften mein Bruder und ich bei einem Bauern Pflaumen pflücken. Was Vater dafür eintauschen musste, ist mir auch nicht bekannt. Aber die Zeit zum Pflücken war festgelegt. Da hieß es Schluss machen, obwohl wir Jungen den Baum gerne noch eine Weile geschüttelt hätten. Es war aber mit dem Bauern eine bestimmte Zeit für das Pflücken vereinbart, die unbedingt eingehalten werden musste, und Vater war ein korrekter Mann.

Im September 1945 wurde ich eingeschult.

Ich bekam auch eine Zuckertüte, die mit allerhand Süßigkeiten gefüllt war. Wir Kinder wurden immer sehr verwöhnt und alle Kinder in meiner Klasse haben auch eine Zuckertüte erhalten.

Ich glaube, im gleichen Monat gab es auch die ersten Lebensmittelkarten. So konnte Mutter uns die Schulbrote mit Wurst beschmieren. Mit den Lebensmittelkarten konnte man Fleisch, Wurst, Käse, Milch und Zucker einkaufen. Statt Zucker konnte man auch Bonbons kaufen!!

Mit der Zeit begannen wir uns in der neuen Heimat einzuleben.

Übrigens, Greiz war für uns Flüchtlingskinder, die wir ja aus dem Ruhrgebiet stammten, eine wunderschöne Stadt, auch wenn man den Eindruck hatte, dass diese Stadt im Vergleich zu meiner Geburtsstadt Castrop-Rauxel ein wenig rückständig war. Das mag daran liegen dass meine Heimatstadt mitten im Ruhrgebiet lag. Es gab genug Steinkohlenbergwerke in und um Castrop-Rauxel, was sich auf eine erfolgreiche Wirtschaftlichkeit meines Geburtsortes schon vor dem Krieg auswirkte.

Für uns Kinder jedoch war Greiz ein Paradies auf Erden. Herrlich gelegen, mit dem Oberen Schloss inmitten der Stadt auf einem Berg, mit einem Unteren Schloss und der Schlosskirche im Stadtzentrum selbst. Mit viel Wald um Greiz herum und inmitten dieser Stadt befand sich ein großer Fluss.

So sah ich meine neue Heimatstadt als Kind. Vergessen waren Flucht und Bombenalarm. Vergessen war auch Schlesien.

Die Schule nahm mich außerdem auch noch genug in Anspruch. Aber es machte mir viel Spaß, das Lernen. Außerdem schloss ich auch Freundschaften. Schnell entwickelte ich mich zu einer kleinen Persönlichkeit in der Schule. Ich hatte nämlich eine hervorragende Gesangstimme und ich wurde deshalb bei Chorauftritten in der Schule und auch außerhalb derselben zum Vorsänger ernannt. Schlimm war allerdings, dass ich dann irgendwann ein kleiner eingebildeter Pinsel wurde. Und noch schlimmer war, dass ich am eigentlichen Lernen allmählich die Lust verlor.

Mutter hatte eine Heimarbeit angenommen. Für eine Weberei – es gab in Greiz viele Webereien – sollte Mutter Anzugstoffe »putzen«. Mutter bekam also die schweren und ellenlang gewickelten Stoffballen in unsere kleine Wohnung zur Bearbeitung angeliefert. Putzen des Stoffes war nichts anderes, als die Stoffballen auf kleine Webfehler wie Knoten und anderes zu kontrollieren, und wenn ein solcher Fehler festgestellt wurde, diesen dann mit einem Putzeisen zu beseitigen.

Es war eine Plackerei für Mutter und es ging auch sehr über ihre

Augen. Ich sah erstmals, dass Mutter bei dieser Arbeit eine Brille tragen musste.

Mutters Arbeit war termingebunden, da kam natürlich ihre Liebe zu uns Kinder bisweilen etwas zu kurz. Hans und ich hatten aber inzwischen auch schon Freunde, meistens aus der eigenen Schulklasse.

Obwohl meine liebe Mutter sich auf diese Weise bemühte, die Lage der Familie mit der für sie doch zu schweren Arbeit zu verbessern, baute sich Vater indessen eine Handelsvertretung für Schreib- und Bürowaren auf. Das Geschäft lief auch gut an, denn innerhalb kurzer Zeit hatte Vater schon ein ziemlich großes Lager mit Kugelschreibern, Bleistiften, Schreibpapier sowie Bürozubehör aller Art eingerichtet.

Das war eine große Leistung meines Vaters. Ich glaube, er war ein hervorragender Geschäftsmann, reizte als gebürtiger Greizer aber auch seine geschäftlichen Beziehungen voll aus. Vater kannte jeden und jeder kannte Vater.

Wenn ich mit meinem Vater durch die Stadt ging, so wäre es wohl besser gewesen, wenn Vater seinen Hut zu Hause gelassen hätte. Mal flog seine rechte, mal seine linke Hand zum Hut, um damit in graziösem Schwung den Menschen, die ihn grüßten, seinen Dank zu zeigen. Ich hatte aber unbezweifelbar den Eindruck, dass mein lieber Vater beim Begegnen einer weiblichen Person seinen Hut ganz besonders weit schwingen ließ. Ich habe später auch einmal für eine kurze Zeit lang einen Hut getragen und mich dabei natürlich an das väterliche Vorbild erinnert. Ich kam mir aber dabei sehr ungeschickt vor. Also hängte ich meinen Hut für immer an den Haken. Man kann eben nicht etwas nachmachen, wenn man davon wenig Ahnung hat, oder besser gesagt nichts davon versteht.

Wir Kinder bemerkten natürlich nicht, dass die Eltern große Sorgen in ihrem Kampf um das tägliche Brot hatten. Das wenige Geld reichte in der Tat hinten und vorne nicht aus. Das legte sich denn auch auf die Gemüter der ganzen Familie. Da konnte nicht mehr wirklich von einem geregelten Familienleben die Rede sein. Trotz allem – wir Kinder gingen unserem Spieltrieb nach und es war uns auch völlig egal, dass die Eltern, bei denen inzwischen die Nerven blank lagen, sich stritten.

Mutter wurde immer kränker, neben ihrem kranken Herz kam nun auch noch eine Nierenerkrankung dazu, die sie sich auf der Flucht von Schlesien nach Greiz geholt hatte. So wurde meine Mutter dann auch infolge dieser Erkrankung im Kreiskrankenhaus in Greiz operiert, wobei ihr eine Niere entfernt wurde. Zur damaligen Zeit sicherlich eine große chirurgische Glanzleistung der Ärzte. Mutter lag sechs Wochen im Krankenhaus.

Für Vater wahrscheinlich eine ungewöhnlich lange Zeit, denn auf ihm lastete nun die alleinige Verantwortung für die Familie.

Auch der Winter 1945/46 war wieder sehr kalt.

Da gab es nur zwei Möglichkeiten: Entweder im Wald Bäume fällen oder auf dem Güterbahnhof den Russen die Kohlen aus dem Waggon klauen. Im Wald war ich einmal mit Vater und mit meinem Bruder. Für diese Arbeit war ich absolut nicht tauglich. Das gefiel meinem

Bruder natürlich nicht und er machte sich mit entsprechenden Bemerkungen reichlich Luft. Vater sagte nicht viel dazu, ich denke jedoch, dass er meinem Bruder im Stillen recht gab. Ich war froh, als dieser Tag vorbei war, und als wir dann abends in der warmen Stube saßen, war für mich alles schon wieder vergessen. Das Holz aus dem Wald reichte aber nicht aus, um jeden Tag eine warme

Stube zu bekommen, und der Winter hatte gerade erst begonnen. Es war ein furchtbar kalter Winter! Also mussten wir überlegen, wie wir wieder an Kohlen kommen würden.

Es war ja kein Geheimnis für uns Kinder, dass die russische Rote Armee regelmäßig Kohlen auf dem Güterbahnhof angeliefert bekam. Die Entladung der Waggons erfolgte meistens von Hand durch die russischen Soldaten und immer am Tage. Das war unsere Gelegenheit. Wir Kinder aus Greiz – wir waren nicht wenige – schlichen uns abends an die Waggons und sammelten die Briketts ein, die am Tage den Russen unter und neben den Waggon fielen.

Ich bin mir fast sicher, dass man in der russischen Kommandantur von uns Kohlendieben wusste.

Uns Kinder ließ man halt die Freude, dass der Kohleklau wieder einmal geklappt hatte. Ich habe nicht einmal erlebt, dass wir Kinder von den russischen Soldaten deshalb davongejagt wurden. So wurde es zumindest in der einen oder anderen Stube in Greiz, dank der Unterstützung durch die Rote Armee, an so manchem Abend gemütlich warm.

In unserer Stube stand ein sogenannter Berliner Ofen. Dieser hatte ein separates Fach, um darin Getränke, wie Tee oder Kaffee, warm zu halten. Das war für die damalige Zeit eine sehr praktische Einrichtung.

Wir hatten auch ein kleines Aquarium. In diesem schwamm einsam ein Goldfisch. Wir hatten auch noch einen kleinen Hund, einen Foxterrier namens Lumpi. Das war wirklich ein extrem scharfer und, wenn es sein musste, auch ein sehr bissiger Köter. Wenn ich mit meiner Mutter ein wenig schmusen wollte, wurde Lumpi so eifersüchtig auf Mutter, dass er mich in den Arm oder ins Bein biss.

Eines Tages nun, es war wieder einmal sehr kalt, kam einer von uns Jungen auf die fixe Idee, das Aquarium mit dem Goldfisch in das Wärmefach des Ofens zu stellen, damit unser Fischlein nicht erfriere. Es dauerte denn auch nicht lange, da wurde es unserem Fisch zu warm und er sprang aus dem Glas und fiel in eine Tiefe von gut einem Meter. Da lag er nun zappelnd auf dem Fußboden. Zum Glück wusste der Hund nichts mit dem Fisch anzufangen, aber er bellte laut und so konnte der Fisch von mir gerettet werden.

So vergingen die Monate, es gab nichts Neues, alles schien inzwischen seinen gewohnten Gang zu gehen.

Wir Kinder gingen zur Schule. Wie die meisten Kinder hatten auch wir nicht immer Lust dazu. Das zeigte sich auch bald darauf in unseren Leistungen.

Selbstverständlich waren mein Bruder und ich nicht so dumm, um nicht zu merken, dass die Sorge der Eltern, die Familie in diesen schlechten Zeiten durchzubringen, immer größer wurde. Vater wurde immer nervöser und, so empfanden es jedenfalls mein Bruder und ich, von Tag zu Tag immer weniger »genießbar«. So wurde dies nach und nach eine schlimme Zeit in unserer ohnehin schon schwierigen Lebensphase.

Die Tage, an denen Vater uns, aus welchem Grund auch immer, den Hintern versohlte, häuften sich immer mehr. Entweder wir wiesen schlechte Leistungen in der Schule vor oder wir hatten irgendetwas verzapft, wobei ich – im Vergleich zu meinem Bruder – wahrscheinlich der Ungehorsamere war. Aber ich war ja auch zwei Jahre jünger.

Vater konnte auch sehr »gerecht« sein; er verprügelte meinen Bruder gleich mit. Dabei wusste er gar nicht einmal, wer von uns Jungen wieder einmal etwas ausgefressen hatte. So hatten wir beide manches Mal unsere Tracht Prügel auch im Voraus bekommen. Die Bestrafungen durch unseren Vater vermehrten sich derart, dass wir gar nicht mehr wussten, warum er uns heute schon wieder so fürchterlich verprügelte. Wahrscheinlich war Vater an diesem Tag in seiner Arbeit etwas über die Leber gelaufen oder er hatte mal wieder nichts zu rauchen.

Jedenfalls hatten seine Söhne das alles mit auszubaden. Weil dem Vater selbst die Hände von der Prügelei schmerzten, legte er sich einen Ochsenziemer zu. Das war ein etwa 50 Zentimeter langer Knüppel, der in unserem Falle mit neun Stück ebenso langen und sehr dünnen Lederriemen bestückt war. Wehe dem von uns beiden, der damit Bekanntschaft machen musste. Wenn Vater uns in seinem unberechenbaren Jähzorn züchtigte, konnte uns nur noch das beherzte Eingreifen durch Mutter retten.

So krank und so schwach Mutter auch war, sie griff Vater in die Arme, um Schlimmeres zu vermeiden. Einmal hatte Vater mich so zugerichtet, dass sogar mein Klassenlehrer ins Haus kam.

Als ich in die vierte Klasse versetzt wurde, nahm man mich auch in die Pionierorganisation auf.

Natürlich war ich sehr stolz darauf. Ich kann mich noch gut daran erinnern, dass mir die Pionierleiterin das blaue Halstuch anlegte. Da war es für mich schon ein stolzes Gefühl, in einer Gemeinschaft zu sein, in der ich auch entsprechend anerkannt wurde. Ich nahm auch an jedem Pioniernachmittag teil, der sich mir bot. Eigentlich war ich in gewisser Hinsicht schon auf dem Weg, zu einem Kommunisten erzogen zu werden, aber es war mir selbstverständlich nicht bewusst, ein solcher überhaupt werden zu wollen.

Mit der Zeit entwickelte ich einige Aktivitäten in der Pioniergruppe. So wollte ich unbedingt im Fanfarenzug mitwirken, und ich wurde auch aufgenommen.

Schon nach kurzer Zeit marschierte ich an bestimmten Feiertagen, wie zum Beispiel am ersten Mai oder am Gründungstag der DDR – Deutsche Demokratische Republik – durch die Straßen von Greiz und blies fleißig auf meiner Fanfare die einstudierten kommunistischen Melodien. Mehr Spaß hatte ich aber mit der Trommel, da brauchte ich mich nicht so anzustrengen, denn mir ging doch des Öfteren die Puste aus.

So langsam entwickelte ich mich auch zu einer Schülerpersönlichkeit, allerdings mit weniger Fähigkeiten zum fleißigen Lernen, dafür aber umso mehr für die gesellschaftliche Arbeit. Die Strafe dafür waren schlechte Zensuren in der Schule und ich hatte ständig und erwartungsgemäß Versetzungsprobleme. Doch irgendwie habe ich es immer geschafft, das nächste Klassenziel zu erreichen, denn Vater hätte mich nicht ohne seine Strafe davonkommen lassen.

Meine kindliche Seele war ohnehin von Vaters Prügelstrafe leidgeprüft.

Ich bedauere sehr, dass ich noch heute über diese Dinge schreiben muss, andererseits kann und will ich auch diese Ereignisse nicht vergessen. Irgendwann habe ich damit begonnen, den Ochsenziemer zu verjüngen, indem ich nach jeder Tracht Prügel von unserem alten Herrn einen Riemen abschnitt.

War es deshalb ein Wunder, wenn ich mich in der Pioniergruppe wohler und geborgener fühlte als im elterlichen Hause?

Meiner Pionierleiterin konnte ich mich in vielen Dingen anvertrauen, zum Dank dafür habe ich mich dann auch in sie verliebt. Ich war damals gerade mal zwölf Jahre alt!

Mit Vaters Verhältnis gegenüber seinen Söhnen wurde es nicht besser. Als er keinen Lederriemen mehr an seinem »Schlagwerkzeug« hatte – ich hatte inzwischen alle Riemen abgeschnitten –, bekamen wir eben unsere Strafe mit anderen Hilfsmitteln, wie zum Beispiel einmal mit einem Stocheisen, das in den damaligen Kohleöfen verwendet wurde.

Ich bin mir sicher, dass meine verehrte Leserschaft, unter anderem aus der älteren Generation, dieses Instrument auch mal kennengelernt hat.

Ganz gleich, ob Vater recht hatte oder nicht, bezüglich seines brutalen Verhaltens an uns Jungen begannen wir ihn zu hassen und gleichzeitig hatten wir ständig Angst vor ihm.

Das schmiedete uns Brüder fester zusammen, als es unserem Vater wahrscheinlich recht war. Wir Brüder waren wie Pech und Schwefel. Noch besser, wir verbündeten uns gegen Vater und seine Art, wie er uns erzog. Es war wohl ganz selbstverständlich, dass wir Jungen auch unsere Geheimnisse hatten, und die gingen weder Vater noch Mutter etwas an.

Mein Bruder und ich waren aber auch zwei Kampfhähne, die gegeneinander antraten. Ich habe ihn oft genug geärgert, entweder mit Worten oder, wenn dies nicht ausreichte, dann eben mit den entsprechenden Grimassen. Das konnte ich mir aber nur erlauben, weil ich ganz sicher war, dass mich meine Beine pfeilschnell, wenn es darauf ankam, durch ganz Greiz tragen würden. Da hatte mein Bruder absolut keine Chance, mich auch nur annähernd einzuholen.

Es ist wohl besser, wenn ich auf das Verhältnis zu meinem Bruder nicht weiter eingehe. Es war mal besser, mal schlechter. Wie das eben bei allen heranwachsenden Jungen so ist.

Wir hatten plötzlich ganz andere Sorgen, die meine Mutter, meinen Bruder und mich selbst sehr schockierten. Vater hatte sich plötzlich in den Westen abgesetzt. Was war geschehen?

Von Mutter erfuhr ich, dass Vaters Geschäft mit der Handelsvertretung nun doch nicht so gut lief, wie er sich das ursprünglich erhofft hatte.

Das war auch nicht verwunderlich, denn in der jungen DDR, also im Arbeiter- und Bauernstaat, waren selbstständige Unternehmen, wie auch das von Vater gegründete, vonseiten der Regierung nicht unbedingt erwünscht. Da gab es keinerlei staatliche oder finanzielle Unterstützung. Da könnte ja eventuell ein kapitalistischer Betrieb daraus werden – und das in einer Zeit, in der im Staat ein privates Unternehmen nach dem anderen in einen sogenannten »Volkseigenen Betrieb« umgewandelt wurde.

Die Menschen stellten sich auf diese für sie neue wirtschaftliche und gewaltsam durchgesetzte Reform relativ schnell ein.

Kleine handwerkliche Betriebe, ob mit oder noch ohne Tradition, auch andere kleinere, selbstständige Unternehmen und auch der Mittelstand hatten wenig Chancen, sich in dem System der DDR-Wirtschaft zu behaupten.

Mein sehr kluger Vater hatte das auch sehr schnell zu spüren bekommen. Also hatte er sich aus dem Staub gemacht und ließ – ohne mit der Wimper zu zucken – den Rest der Familie allein. Das war für Mutter und uns Kinder ein Schlag ins Gesicht. Eine sehr, sehr lange Zeit hörten und sahen wir nichts von unserem alten Herrn und Mutter war der Verzweiflung nahe, weil sie absolut nicht wusste, wie sie uns Jungen täglich satt kriegen sollte. Da wir zwei kräftige Jungen waren, hatten wir auch stets einen guten Appetit. Aber dann kam eines schönen Tages ein erstes Paket von unserem »lieben« Vater. Gerade waren wir noch wütend auf ihn gewesen, weil er uns so schmählich im Stich ließ, doch mit dem Eintreffen seines schönen Westpaketes änderte sich auch schlagartig unsere Einstellung zu unserem Vater. Von nun an erhielten wir regelmäßig ein Paket aus dem »Goldenen Westen«. Es enthielt Kakao, Schokolade und andere Dinge, die Mutter zu Geld machen konnte. Meine Mutter verdiente mit ihrer Heimarbeit nicht allzu viel und so kamen wir mit Vaters Hilfe ganz gut über die Runden.

Die Jahre vergingen. Mein Bruder hatte endlich die Schule hinter sich gelassen. Er kam in die Lehre.

Sein beruflicher Wunsch war es, das Handwerk eines Webers zu erlernen. In und um Greiz herum gab es zum Glück noch viele intakte Webereien. Dort wurden hauptsächlich Stoffe für die Bekleidungsindustrie hergestellt.

Ich schlug mich weiterhin mehr schlecht als recht durch die Schule. Wenn ich bloß nicht so stinkfaul gewesen wäre, hätte ich meiner Mutter bestimmt weniger Ärger bereitet.

Übrigens, ich hatte auch Konfirmandenunterricht. Diese Stunden gefielen mir gut. Das lag aber am Pfarrer. Er war ein sehr guter Pfarrer; lustig, aber auch sehr streng.

Nach meiner Konfirmation in der Schlosskirche zu Greiz dauerte es nicht mehr lange, als Mutter mir erklärte, dass sie mit mir zu unserem Vater nach Castrop-Rauxel wolle. Mutter sagte mir, dies sei aus gesundheitlichen Gründen erforderlich. Ein Arzt aus Greiz hatte ihr dies auch attestiert. Also hieß es jetzt wieder einmal auf große Reise gehen. Nur mit dem Unterschied, dass ich mit Mutter nun allein die Fahrt in den »Goldenen Westen« antreten musste. Mir war das gar nicht recht, aber wenn ich daran denke, wie mich meine Klassenkameraden darum beneideten, muss ich schon zugeben, dass meine Neugierde auf den Westen immer größer wurde. Und so konnte ich es kaum erwarten, bis es endlich losging mit dieser wohl doch etwas außergewöhnlichen Reise.

Doch bevor es nun zum großen Umzug kam, musste in Greiz noch einiges geregelt werden. Mutter wollte unbedingt die Möbel mitnehmen. Dies war aber nicht sofort möglich. Deshalb wurde der gesamte Hausrat zunächst bei einer Spedition in Greiz eingelagert. Das alles sollte später nachgeliefert werden.

Mein Bruder hatte inzwischen in der elterlichen Wohnung meines Schwagers in Greiz ein Zimmer bekommen. Meine Schwester Inge war ja seit kurzer Zeit verheiratet. So konnte er seine Lehre wenigstens ungestört fortsetzen und hatte auf diese Weise Familienanschluss gefunden.

Fahrt in den Westen

Der Tag der Abreise ließ sich nun nicht mehr aufschieben. Erst im Zug sitzend, überkam mich eine große Wehmut, daran denkend, dass ich schon wieder einmal von meinem Bruder getrennt wurde – sowie überhaupt von allen Freunden, von der Schule, in der ich den erzielten Abschluss nicht hatte erreichen können, und nicht zuletzt von Greiz selbst. Diese Stadt, in der ich neun Jahre meiner Kindheit verbracht hatte, hatte für mich den gleichen Rang wie meine Geburtsstadt Castrop-Rauxel.

Was würde mich nun in der neuen alten Heimat und im weiteren Zusammenleben mit meinem Vater erwarten? Allzu viele Gedanken habe ich mir aber mit meinen damals 14 Jahren noch nicht darüber gemacht.

Als wir Vaters Wohnung – oder das, was es sein sollte – das erste Mal betraten, brach nicht nur für Mutter, sondern auch für mich eine Welt zusammen. Was hatte sich Vater nur dabei gedacht, sich diese Wohnung in Castrop-Rauxel zu mieten?!

In der Germanenstraße 71!

Da hatten wir doch tatsächlich geglaubt, wir kämen, wenn wir in den Westen umziehen, in ein Paradies. Vaters Wohnung bestand aus zwei quadratischen Räumen, etwa vier mal vier Meter groß. Der erste Raum wurde nur durch eine Tür zum Treppenhaus getrennt. Dieser Raum war Vaters Küche, Waschraum und Wohnzimmer zugleich. Der zweite Raum war das Schlafzimmer. Die Wohnung selbst lag im Erdgeschoss. WC im Treppenhaus, wenigstens mit Wasserspülung, jedoch ohne ein Handwaschbecken.

Die Einrichtung dieser Wohnung raubte meiner Mutter fast den Atem. Das hatte sie einfach nicht erwartet. Mutter dachte wirklich, ihr Mann würde eine komfortable Wohnung besitzen und diese wäre denn auch gut eingerichtet. Ihre Enttäuschung war so groß, dass schon nach kurzer Zeit eine Auseinandersetzung von gewaltigem Ausmaß zwischen ihr und meinem Vater entbrannte.

Ja, und ich stand nun auch noch dazwischen. Der Mutter beipflichten konnte ich nicht, obwohl ich sie sehr gut verstehen konnte. Doch da waren sie plötzlich wieder, diese Erinnerungen an Vaters frühere Erziehungsmethoden, die wohl immer noch tief und fest in meinem Unterbewusstsein existierten. Obwohl ich nun schon 14 Jahre alt war, traute ich mich nicht, mit Worten der Verteidigung für Mutters Argumente gegen den Vater zu stimmen. Wenigstens gab ich meiner Mutter im Stillen recht. Nur damit konnte sie natürlich bei einem Familienoberhaupt, wie sich unser Vater ja gerne präsentierte, nichts anfangen.

So sprachen Vater und Mutter tagelang kein Wort miteinander, es war einfach unerträglich. Nun, so begann eben mein neuer Lebensabschnitt im Westen.

In solchen Situationen dachte ich gerne an Greiz zurück und ich wünschte mich oft wieder nach dorthin. Mit der Zeit jedoch störten mich die vielen Auseinandersetzungen zwischen meinen Eltern nicht mehr. Vater und Mutter wollten sich einfach nicht mehr zusammenfinden.

Ich hatte bald schon einen neuen Freund gefunden; einen, der ein ähnliches Schicksal hinter sich hatte.

Im Mai 1953 kamen unsere bis zu diesem Zeitpunkt in Greiz bei der Spedition eingelagerten Möbel wohlbehalten an. Jetzt konnten wir endlich unsere Wohnung einigermaßen einrichten. Das Schönste an der Sache war, dass mit der Einrichtung der Wohnung die Stimmung zwischen Vater und Mutter – Gott sei Dank! – wieder erträglicher wurde.

Ich glaube, in dem Wohnhaus – es hatte eine Länge von etwa siebzig Metern und fünf Eingänge – waren wir jetzt recht gut eingerichtet. Das erzeugte natürlich bei dem einen oder anderen Nachbarn Missgunst und Neid. Da hieß es dann auch mal: »Guckt euch die Flüchtlinge aus dem Osten an!« Dabei waren wir genauso armselige Schlucker wie die meisten Leute in diesem riesig langen Haus.

Übrigens: In der Stadt nannte man dieses Haus auch SING SING (Spitzname für ein amerikanisches Gefängnis).

Wieder in der Heimat

Der Sommer verging sehr schnell. Mein neuer Freund Helmut und ich trafen uns sehr oft. Helmut wohnte mit seinen Eltern zuerst auch im gleichen Eingang wie ich. Seine Eltern bekamen aber eine sehr schöne Wohnung, auch auf der Germanenstraße, nur ein paar Häuser weiter.

Eines schönen Tages kam Helmut auf die Idee, dass wir uns mit zwei Mädchen aus der Nachbarschaft bekannt machen sollten. Diesen Vorschlag brauchte er mir nicht zweimal zu machen, ich war begeistert und sofort dabei. Also, Helmut arrangierte ein Treffen für den kommenden Sonntagvormittag. Treffpunkt am nahe gelegenen Rhein-Herne-Kanal. Dort gab es einen schönen Wanderweg, der genau entlang des Rhein-Herne-Kanals verlief.

An diesem Sonntag wehte ein leichter Wind und das war für mich am schlimmsten. Schließlich war man ja als junger Mann sehr eitel und wollte immer gut aussehen. Was dann mit meinem sorgfältig gekämmten Haar passieren würde, darüber musste ich nicht lange nachdenken.

Da ich stets viel Wert auf eine gepflegte Frisur legte, hatte ich diesmal eine besondere Idee, wie ich mit einer tollen Frisur den Mädchen vielleicht am besten imponieren könnte. Dazu benutzte ich das auf dem Waschbecken liegende Stück Kernseife. Als ich meine Haare ordentlich angefeuchtet hatte, machte ich mir mithilfe der Kernseife so viel Schaum, um diesen sofort in meine zu erwartende tolle Frisur einzumassieren. Ich hatte sehr schwarzes Haar und ich konnte mir durchaus eine richtige Elvis-Frisur anfertigen. Ich formte vorn in meinen Haaren die typische Welle und am Hinterkopf kämmte ich meine Haare von rechts und links zusammen. In dieser Frisur gefiel ich mir recht gut; ich war sehr stolz auf mein persönliches Meisterwerk. Durch die Unterstützung mit dem Kernseifenschaum hielt nach dem Trocknen die Frisur so, wie ich es mir vorstellte.

In dieser Aufmachung – und selbstverständlich der Zeit entsprechend modern gekleidet – lernte ich Ottilie kennen. Mein Freund Helmut hatte sich schon sehr in seine Jenny verliebt. Die beiden Mädchen liefen 20 Meter vor uns auf dem Wanderweg, während wir hinterhertrotteten und uns nicht trauten, sie anzusprechen. Wahrscheinlich wussten wir nicht, was wir sagen sollten. So liefen wir fast zwei Stunden am Kanal auf und ab; fast gegen Ende des Spaziergangs blieb es immer noch eine sehr schüchterne Begegnung mit den beiden schönen Mädels.

Dann, urplötzlich, geschah das Unglück: Es begann zu regnen. Da war auch kein Unterschlupf, in dessen Schutz wir uns hätten begeben können.

Auf einmal bemerkte ich, dass mein inzwischen wohl auch bester Freund einen Lachkrampf bekam. Er schaute mich unentwegt an und konnte sich gar nicht mehr beruhigen. Die beiden Mädels schauten mir mit verdutzten Blicken auf den Kopf.

Die Kernseife!

Ich wäre am liebsten im Erdboden versunken!

Der Regen hatte meine Frisur dank der Kernseife in eine Schaumkrone verwandelt. Wahrscheinlich sah ich aus wie einer vom französischen Adel, aber aus dem 17. Jahrhundert. Die trugen ja solche weißblonden Perücken mit vielen Locken.

Ich bin der Ottilie zwar noch einige Male begegnet, aber zu einem Verhältnis, wie ich es mir gewünscht hatte, kam es nicht.

Die Zeit näherte sich, in der Helmut und ich uns von der Unbeschwertheit unserer Jugend verabschieden mussten – wir taten es mit einem weinenden und einem lachenden Auge.

Wie viele Jungen in unserem Alter gingen auch wir nun in die Lehre. Helmut wurde Lehrling für das Malerhandwerk und ich Lehrling im Steinkohlenbergbau.

Es war mein ausdrücklichster Wunsch, Steinkohlenbergmann zu werden! Ich wurde ein Berglehrling auf der Zeche Victor III/IV in Castrop-Rauxel.

Vielleicht eine der schönsten und technisch am besten ausgerüsteten Schachtanlagen im Ruhrgebiet. Der rechte Förderturm wurde ausschließlich für die Seilfahrt und den Materialtransporten genutzt.

Dieses Foto habe ich 1954 als Berglehrling mit einer einfachen Agfa Kamera 6x9 »geschossen«. Am 1. September 1953 war es dann so weit: Mein erstes Lehrjahr begann in der Lehrwerkstatt der Zeche über Tage.

Wir waren etwa 40 männliche Lehrlinge, aus denen gute Bergleute geformt werden sollten. Ich hatte mich schon seit meiner Anmeldung zum Lehrling – damals wurde es noch durch meinen Vater als Erziehungsberechtigten mit meinem zukünftigen Lehrherrn vertraglich geregelt – voller Ungeduld auf den Tag gefreut, endlich in die Lehre zu kommen. Außerdem war ich auch sehr neugierig darauf.

Die Schachtanlage selbst bestand über Tage aus mehreren Gebäudekomplexen, eines davon war die Lehrwerkstatt.

Imponierend waren aber für mich die zwei gewaltigen Fördertürme der Schachtanlage selbst. Sie waren das Symbol des allmächtigen Steinkohlenbergwerks, in dem ich nun als Lehrling ausgebildet werden sollte.

Nun mussten wir Berglehrlinge des ersten Lehrjahres also am 1. September früh, pünktlich um 7.00 Uhr, zur ersten Schicht erscheinen.

So standen wir dann auch in einer Reihe aufgestellt – von Kopf bis Fuß in neuer Arbeitskleidung, welche durch die Zeche bereitgestellt worden war – in der Lehrwerkstatt vor einer auf dem gepflasterten Holzfußboden aufgemalten dicken weißen Linie.

Allein die Tatsache, vor dieser weißen Linie zu stehen, flößte uns Jungen einen gewaltigen Respekt ein. Man muss sich das einmal vorstellen: 40 Jungen in einer Reihe und kaum einer wagte es, auch nur ein Wort zu sprechen!

Wer auf einer Zeche das erste Mal einfährt – man nennt das »einfahren«, auch wenn es noch über Tage ist –, erhält eine sogenannte Markennummer. Eine Blechmarke mit einer persönlichen Kennziffer, die den Bergmann ein ganzes Zechenleben lang begleitet. Ausgegeben wurde die Marke von der Markenausgabe im Eingangsbereich des Pförtners der Zeche. Damit hatte man besonders zum Schichtende immer eine Übersicht, insofern ob vielleicht der eine oder andere Kumpel sich noch auf dem Zechengelände befand, das heißt, dass er noch nicht ausgefahren war. Diese Kontrolle diente nicht nur der Zeitkontrolle, sondern sie war hauptsächlich eine Frage der Sicherheit für die Bergleute unter Tage. Anhand der bestückten Markentafel in der Ausgabe konnte sofort festgestellt werden, welche Bergleute sich nach Schichtende noch unter Tage oder auf dem Zechengelände aufhielten.

Mit der bei jedem Lehrling inzwischen eingeprägten Markennummer wurden wir nun von einem Lehrmeister aufgerufen, auf dass dieser die Anwesenheit überprüfen konnte. Meine Markennummer war die 4298. An diesem ersten Tag in meiner Lehrstelle wurde die Markennummer noch in Verbindung mit dem dazugehörenden Namen des Besitzers aufgerufen. Als endlich festgestellt wurde, dass alle Lehrlinge anwesend waren, konnte nun mit der Eröffnungszeremonie – und eine solche war es tatsächlich – begonnen werden.

Vor uns stand der Meister der Lehrwerkstatt. Er war auch gleichzeitig Leiter dieser Ausbildungsstätte. Für seine Begrüßung mit einem kräftigen »Glück auf« haben wir alle wahrscheinlich nicht richtig gedankt. Damit war auch der noch anwesende Herr Obersteiger natürlich nicht einverstanden. Aber beim dritten Versuch hat es dann doch geklappt!

Nach dieser knappen Begrüßung, einer Kontrolle, ob alle ihre Schuhe ordentlich geputzt hatten, und einer Kontrolle auf Sauberkeit der Fingernägel entließ uns der Meister und wir wurden in kleinere Gruppen für die einzelnen Lehrbereiche aufgeteilt.

Das mit den Fingernägeln, na ja, da hatte dieser Herr so seinen Fimmel. Was er eigentlich mit dieser Maßnahme bezwecken wollte, habe ich aber erst viel später begriffen.

Ich kam mit noch ein paar Jungen in der ersten Woche auf die »Hängebank«. Hier lernte ich zum ersten Mal, wie man Kohle vom Stein trennt. Das war eine Arbeit, die uns Lehrlingen gar nicht gefiel, hatten wir doch das Gefühl, nichts dabei zu lernen. Was war das schon, Steine aus der von unter Tage geförderten Kohle und vom langsam laufenden Förderband auszulesen, um diese dann hinter uns in eine große Öffnung zu werfen.

Allmählich gewöhnten wir uns aber auch an diese Arbeit und sahen sie schlichtweg als einen Teil unserer Ausbildung an. Uns blieb schließlich nichts anderes übrig, mussten wir ja doch alle sechs Wochen für jeweils eine Woche Steine auslesen gehen.

Erst später habe ich verstanden, dass mir in der bergmännischen Ausbildung nicht nur ein gutes Fachwissen vermittelt werden sollte, sondern dass mir durch diese wohl etwas unbeliebte Arbeit auch Disziplin, Gehorsam und Fleiß eingetrichtert wurden.

Diese drei Eigenschaften sollten für die spätere Tätigkeit eines Bergmannes – und darüber hinaus – wohl auch für mein ganzes Leben stets richtungsweisend sein – in Bezug auf meine persönliche Einstellung im Beruf sowie auch im Privatleben.

Das Hauptgebäude der Lehrwerkstatt wurde unterteilt in die Schlosserei, die Schmiede, die Wagenschmiede (hierbei handelte es sich um Reparaturen an den Hunten) und eine kleinere Abteilung »Holzbearbeitung«. Wesentlich öfter wurde ich aber auf dem Holzplatz eingesetzt. Hier lernte ich mit Bügelsäge und Axt umzugehen. Ich lernte, wie man mithilfe von speziellen Werkzeugen Baumstämme von ihrer Rinde befreite, damit sie weiterhin mit Säge und Axt »unter Tage tauglich« als Stützen in den Kohleflözen und im Streckenausbau dem Kumpel unter Tage zur Verfügung standen.

Zur Ausbildung eines Bergmannes gehörte es mit großer Selbstverständlichkeit, sich Begriffe wie »Gehorsam« und »Disziplin« einzuprägen, und zwar während der gesamten Lehrausbildung. Wer das nicht schon in diesen jungen Lehrjahren verstand, sollte wohl lieber auf den künftigen Beruf des Bergmannes verzichten. Dies gilt übrigens nicht nur für den Steinkohlenbergmann, sondern für alle sonstigen Beschäftigten, die es im Bergbau in großer Anzahl insgesamt noch gab.

Eine weitere und außerordentlich wichtige Eigenschaft, die man unbedingt besitzen muss, ist die Liebe für diesen Beruf. Schon in der Lehre fiel mir auf, dass sehr viele Bergleute an diesem Beruf mit Leib und Seele hingen.

Mein erstes Lehrjahr war endlich herum und ich hatte inzwischen schon meinen 16. Geburtstag gefeiert. Dieses Alter war – neben dem Abschluss des ersten Lehrjahres – in der bergmännischen Ausbildung eine Grundvoraussetzung, überhaupt im Untertageeinsatz eines Bergwerkes eingesetzt werden zu können.

Endlich erfüllte sich mein Traum: Ich durfte mit dem zweiten Lehrjahr unter Tage beginnen.

Meine erste Seilfahrt begann am 1. September 1954, früh um 6.00 Uhr an der Förderanlage, Schacht drei. Dieser Schacht wurde auf meiner Zeche in der Regel nur für Seilfahrten und Transporte zur Versorgung der Grubenanlage benutzt.

Der Förderkorb selbst bestand aus vier Etagen. In jeder einzelnen dieser Etagen hatten 15 Bergleute stehend Platz. Ich stand mit noch zwei Jungen aus meinem ersten Lehrjahr und mit dem Meisterhauer, dem wir zugeteilt wurden, eingezwängt zwischen den Kumpeln, die ja an die tägliche Seilfahrten gewöhnt sind, und harrte der Dinge. Allen mit einfahrenden »alten Hasen« machte es einen diebischen Spaß, uns Lehrlingen Angst zu machen. Von wegen Seil reißen und der Korb würde sogleich in die Tiefe stürzen. Unser Meisterhauer kannte solche Scherze schon zur Genüge. Jedes Jahr, wenn er wieder ein paar Jungen zur Ausbildung mit in die Tiefe nahm, musste er sich solche Sprüche anhören. So gab er dann auch hier den Kumpeln die richtige Antwort. »Macht euch mal bloß keine Gedanken darüber, ob das Seil reißen könnte. Und wenn doch, ist das auch nicht schlimm, es ist ja nicht unser Seil.« Das Gelächter der Kumpel konnte man wahrlich nicht überhören. Na, auf jeden Fall haben uns Lehrlingen vor dieser ersten Einfahrt ganz schön die Beine geschlottert.

Vom Anschläger wurde, nachdem alle Sicherheitsgitter des Förderkorbes verschlossen worden waren, »Hängen zur fünften Sohle« als Glockensignal an das Maschinenhaus übermittelt.

Langsam setzte sich der Förderkorb in Richtung »Erdmittelpunkt« in Bewegung, natürlich nur bis auf 800 Meter Teufe, und mir wurde ganz übel. Immerhin »fiel« der Korb mit einer Geschwindigkeit von acht Metern in der Sekunde. Nach knapp drei Minuten war meine erste Seilfahrt in das Erdinnere beendet.

Ich stand auf dem Liegenden der fünften Sohle und in einer Teufe von 800 Metern überkam mich plötzlich ein seltsames Gefühl.

Da war etwas in der in der Luft, was mich an meine Kindheit erinnerte! Nämlich als die Bomben der Alliierten auf meine Heimatstadt fielen und wir mit letzter Kraft in den sicheren Bunker fliehen konnten.

Ja, dieser Geruch war der gleiche wie 1944 im Luftschutzbunker, der ja auch in einer bergbaulichen Teufe als Schachtausbau angelegt worden war.

Darum glaube ich noch heute, dass damals, in diesem bergbaulich angelegten Bunker, vielleicht unbewusst schon der Wunsch in mir geboren wurde, einmal ein Bergmann werden zu wollen. Denn interessant genug fand ich diesen Bunker schon. Es machte mich schon als kleiner Junge neugierig, was sich denn eigentlich am Ende des unter Tage befindlichen Aufenthaltsraums befand. Weiter nichts als ein unendlich langer und dunkler Gang, nass und kalt. Tatsächlich konnten sich in diesem Stollen viele Menschen vor dem Bombenhagel schützen. Mit diesen meinen Erinnerungen an das schreckliche Kriegserlebnis zurückdenkend, setzte ich mit dem Beginn des zweiten Lehrjahres meine bergmännische Ausbildung fort

So führte denn unser Meisterhauer seine drei Berglehrlinge zum Arbeitsplatz. Als wir dann vor Ort ankamen, wurde erst einmal gebuttert, das heißt nichts anderes als frühstücken. Herr Griewen, also unser Meisterhauer, erklärte uns, vor Ort sei dies so üblich. Alle Bergleute frühstücken erst einmal, wenn sie vor Ort sind, um dann ungestört mit der Arbeit zu beginnen und diese bis zur Mittagspause fortzuführen.

Am zweiten Arbeitstag hatte ich bereits einen ersten untertägigen Arbeitsunfall. Beim Befahren der Strecke zum Ort löste sich urplötzlich aus dem Hangenden (bergmännische Bezeichnung für Decke) ein ungewöhnlich großer Gesteinsbrocken. Dieser fiel mir im Vorwärtsgehen aus etwa fünf Meter Höhe direkt auf den rechten Fuß und drückte die im Arbeitsschuh eingearbeitete Stahlkappe zusammen.

Als ich wieder zu mir kam, hatte ich das Schlimmste schon überstanden. Ich befand mich im Bergmannshospital und war dort von den Ärzten so weit wiederhergestellt worden. Die Spuren dieses Unglückes sind noch heute an meinem Fuße sichtbar.

Ich glaube schon daran, dass die heilige Barbara (Schutzpatronin aller Bergleute) ihre schützende Hand über mich hielt. Dieser Unfall hätte auch ganz andere Folgen für mich haben können.

Doch ein paar Jahre später nahm ich nochmals den Schutz der heiligen Barbara dankend in Anspruch, als sie mich bei einem weiteren Untertageunfall noch rechtzeitig vielleicht vor dem Schlimmsten bewahren konnte.

Doch endlich wurde ich gesundgeschrieben und konnte wieder einfahren. Es war klar, dass ich wieder am gleichen Arbeitsplatz eingesetzt wurde, war dieser doch ein wichtiger Teil in meiner Ausbildung.

In dem Streckenausbau war die Wettergeschwindigkeit nur sehr gering. Darum war es auch so unerträglich warm. In diesem Bereich der Strecke wurden etwa 28 Grad Celsius gemessen. Unser Arbeitsplatz war ja auch mindestens 1000 Meter vom Wetterschacht entfernt. Schon die geringsten Bewegungen trieben uns den Schweiß aus allen Poren. Es fiel mir schwer, mich an diese Temperaturen zu gewöhnen.

Die gleiche Temperatur an frischer Luft konnte dagegen das reinste Vergnügen sein. Selbstverständlich war meine von Mutter mit schwarzem Tee aufgefüllte Aluminiumtrinkflasche schon sehr bald ausgetrunken.

Ich habe aber schnell gelernt mit dem Inhalt einer solchen Flasche meine tägliche Arbeitszeit von siebeneinhalb Stunden besser durchzustehen. Übrigens, wir Jungen durften unseren Meisterhauer keinesfalls duzen. Wir erlernten echte bergmännische Ausbauarbeiten. Anfangs stellten wir uns im Streckenausbau ziemlich ungeschickt an. Mit der Zeit aber ging es im Vortrieb mit unseren Arbeiten dann doch schneller als erwartet. Unsere Strecke stand ja bereits, sie war aber vom Druck des über ihr liegenden Gebirges schon teilweise stark zerstört. Die Stempel und Kappen mussten ausgetauscht werden und das Gebirge mussten wir ebenfalls im Hangenden wie auch in den Stößen rechts und links abtragen. Die Gleise für die Grubenbahn erlernten wir neu zu verlegen und selbst der Entwässerungsraben musste von uns neu geschaffen werden. Auf diese Weise vergingen die Wochen, die Monate und am Ende war auch das zweite Lehrjahr geschafft. Mein Meisterhauer hatte es geschafft, die geforderte Länge des Stollenausbaues wieder in Ordnung zu bringen. Allein durch die sehr gute fachliche Anleitung im letzten Lehrjahr wurden die Ansprüche an uns Lehrlinge um ein Vielfaches höhergeschraubt. Jetzt galt es schon zu beweisen, ob wir leistungsgerecht und fachlich selbstständig in der Lage waren, den Anforderungen der bergbaulichen Ausbildung Rechnung zu tragen.

Wir wechselten die Meisterhauer wie unsere Hemden, da jeder von ihnen ein gesondertes Fachgebiet hatte. Immer mit dem Ziel vor Augen, schon bald in Besitz des ach so begehrten Knappenbriefes zu gelangen, übersah und überhörte ich aber gerne von dem einen oder anderen meiner vielen Meisterhauer die ständigen Kritiken an meiner Arbeit.

In der heutigen Zeit spricht man leider auch im Bergbau immer häufiger von Auszubildenden statt von Berglehrlingen. Das ist sicherlich richtig, aber ich betrachte es doch schon ein bisschen mit Befremdung.

Deshalb ist mein Knappenbrief für mich ein sehr wertvolles Dokument.

Im dritten Lehrjahr war ich nun nicht mehr mit meinen Kumpeln aus dem zweiten Lehrjahr zusammen. Stattdessen wurde ich auch schon im Schachtausbau eingesetzt, angefangen beim Abteufverfahren, indem ich sogar die Ziegelmauerung erlernte und darüber hinaus natürlich auch den Schachtzimmerausbau. Gegen Ende des dritten Lehrjahres lernte ich den Streckenvortrieb mit den umfangreichen Gesteinsbohrungen und den sich daran anschließenden Sprengarbeiten kennen.

Den absoluten Höhepunkt in der gesamten Lehre erlebte ich aber, als ich eines Tages in einem waagrechten Kohlestreb für Ab- und Ausbauarbeiten eingesetzt wurde. Hier musste ich in einem Flachstreb erlernen, wie die Kohle am günstigsten aus dem Flöz zu schlagen war. Das war eine schweißtreibende und eine körperlich sehr schwere Arbeit obendrein. Da fehlten mir schon noch ein paar echt gute Muskeln. Da musste man schon den muskulösen Hauern den Schneid lassen. Aber zum Glück gab es ja auch schon den Abbauhammer, mit dem man der Kohle richtig beikommen konnte.

Und dennoch: Als Lehrling habe ich da noch nicht viel leisten können. Außerdem fehlte mir auch jegliche fachliche Routine, nämlich solche, die ein erfahrener Hauer besaß. Aber mir wurde auch bewusst, was es überhaupt hieß, im Gedinge (bergmännisch für Akkordarbeit) zu arbeiten.

Anfang Dezember 1955 kam mein Vater nachmittags von seiner Arbeitsstelle – von dem zwei Straßen weiter entfernten Röhrenwerk – mit großen Schmerzen nach Hause. Seine Schmerzen nahmen derart zu, dass Vater noch am gleichen Abend in das katholische Krankenhaus in Castrop-Rauxel eingewiesen wurde. Weder meine Mutter noch mein Bruder Hans noch ich wussten, was mit Vater genau passiert war. Wir nahmen alle an, dass er vielleicht einen Betriebsunfall erlitten hatte, was aber niemand in seinem Betrieb bezeugen konnte. Am nächsten Tag, also am 11. Dezember 1955, wurden wir Angehörige in das Krankenhaus bestellt, um von unserem Vater noch Abschied nehmen zu können. Vater befand sich schon im Koma und so konnte er meine Mutter, meinen Bruder und mich nicht mehr wahrnehmen. Mein Vater verstarb gegen 11.00 Uhr vormittags.

Der plötzliche Tod meines Vaters traf uns sehr hart. Mutter hatte kein eigenes Einkommen. Sie konnte auch nicht arbeiten gehen, da sie eine sehr kranke Frau war.

BERGMANNS-
BUCH

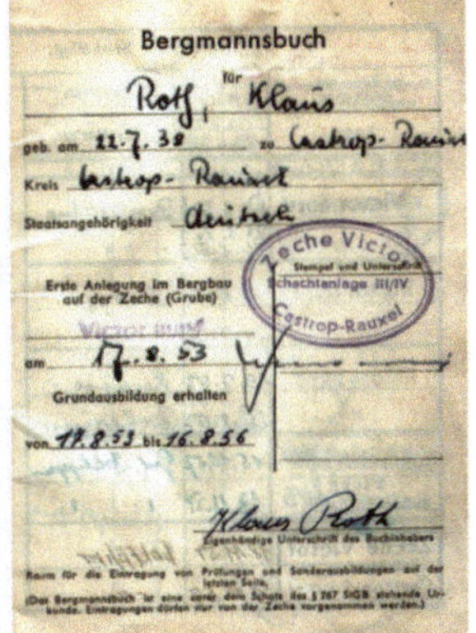

Bergmannsbuch

für Roth, Klaus

geb. am 22.7.38 zu Castrop-Rauxel

Kreis Castrop-Rauxel

Staatsangehörigkeit deutsch

Erste Anlegung im Bergbau auf der Zeche (Grube)

Zeche Victor
Stempel und Unterschrift
Schachtanlage III/IV
Castrop-Rauxel

am 17.8.53

Grundausbildung erhalten

von 17.8.53 bis 16.8.56

Klaus Roth
Eigenhändige Unterschrift des Buchinhabers

Raum für die Eintragung von Prüfungen und Sonderausbildungen auf der letzten Seite.

(Das Bergmannsbuch ist eine unter dem Schutz des § 267 StGB stehende Urkunde. Eintragungen dürfen nur von der Zeche vorgenommen werden.)

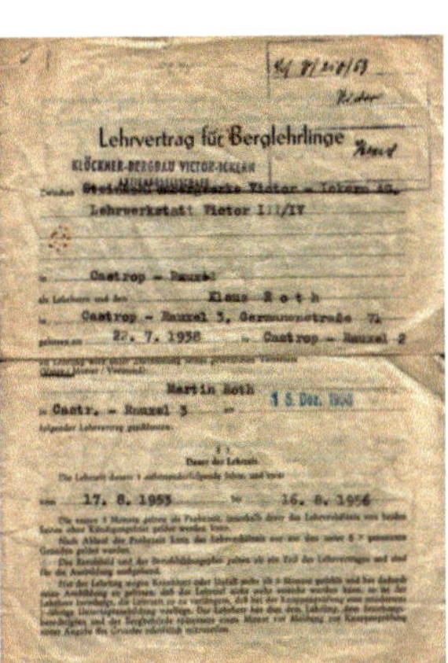

Lehrvertrag für Berglehrlinge

KLÖCKNER-BERGBAU VICTOR-ICKERN

Lehrwerkstatt Victor III/IV

in Castrop-Rauxel

Klaus Roth

in Castrop-Rauxel 3, Germanenstraße 71

geboren am 22. 7. 1938 in Castrop-Rauxel 2

Martin Roth

in Castr.-Rauxel 3

15. Dez. 1958

§ 1
Dauer der Lehrzeit

vom 17. 8. 1953 bis 16. 8. 1956

KNAPPENBRIEF

KNAPPENBRIEF

Der Berglehrling

Klaus Roth

geboren am *22. Juli* 19*38*

in *Castrop-Rauxel* Kreis *desgl.*

hat nach seiner Ausbildung am *25.10.56*

die

KNAPPENPRÜFUNG

bestanden.

Auf Grund des Prüfungsergebnisses wird ihm dieser Knappenbrief ausgestellt.

Castrop-Rauxel, den *25. Okt.* 19*56*

Bergamt Herne

Der ~~Bergrevierbeamte~~

KLÖCKNER-BERGBAU VICTOR-ICKERN
AKTIENGESELLSCHAFT
Der Werksleiter

Sie war daher sehr froh, dass sie mich, den Jüngsten, noch im Haus hatte, auch wenn ich noch ein Lehrling war und sie finanziell nur wenig unterstützen konnte. Ich bekam ja nur ein wöchentliches Lehrgeld, aber damit konnte ich Mutter auch ein wenig helfen. Außerdem galt ich als »Familienernährer«, worauf ich auch immer ziemlich stolz war, wenn es darum ging – wie ich es bisher für beide Elternteile getan hatte –, nun wenigstens noch für meine Mutter sorgen zu können. Ende August 1956 beendete ich meine Lehre.

Vaters Tod warf noch immer einen Schatten auf uns.

Ganz gleich welche Erinnerungen ich in meinem Leben an meinen Vater habe – ich glaube, dass er mir mein ganzes Leben lang fehlen wird. Heute, nach fast 60 Jahren, ist mir mehr denn je bewusst, dass mein Vater wohl doch mein allerbester Freund war. Er und selbstverständlich auch meine liebe Mutter haben mir in der Lehre immer beigestanden, und dafür werde ich meinen Eltern stets mit großer Dankbarkeit ein ganzes Leben lang sehr verbunden sein.

Die schönen Lehrjahre waren vorbei, ich bestand selbstverständlich alle Prüfungen. Zum Abschluss meiner bergmännischen Lehre erhielt ich den sehr begehrten Knappenbrief eines fachmännisch ausgebildeten Bergmannes, worauf ich selbstverständlich besonders stolz war! Nachdem ich nun dieses Ziel erreicht hatte, dauerte es auch nicht mehr lange, um als Knappe im Gedinge eingesetzt zu werden. Ich verdiente im Kohlestreb viel Geld, musste dafür aber auch viel leisten. Da mir diese Arbeit mit der Zeit aber doch zu schwer wurde, bewarb ich mich beim leitenden Obersteiger der Grube um die Möglichkeit, eine der zahlreichen Grubenloks fahren zu dürfen. Nach etwa einem halben Jahr Wartezeit erhielt ich die Erlaubnis, eine ELok zu fahren. Das war für mich ein großes Erlebnis. Es dauerte auch nicht lange und mir wurde die größte und modernste Zugmaschine – eine doppelte akkubetriebene Verbundlok anvertraut.

Das war schon ein erhabenes Gefühl, in einem sehr intakten Bergbau zu arbeiten. Es war wohl die beste Zeit in der Bundesrepublik

Deutschland; es waren die Jahre, die man auch als die »Goldenen Fünfziger« bezeichnete.

Umso schmerzlicher traf eines Tages alle Kumpel meiner Schachtanlage die Nachricht, dass auch bei unserer Zeche mit Absatzschwierigkeiten der geförderten Steinkohle zu rechnen sei.

Es entstanden die ersten Kohlehalden. Das bedeutete für uns Bergleute Kurzarbeit und als Folge daraus waren die betroffenen Zechen gezwungen, Feierschichten einzuführen. Vorbei war die Sicherheit des Arbeitsplatzes. Eines Tages erhielt ich dann auch prompt den berüchtigten »blauen Brief«. Er wurde mir, wie auch allen anderen Kumpeln, bei einer der damals noch wöchentlichen Lohnzahlungen mit überreicht.

Auf einmal war ich arbeitslos! Das erste Mal in meinem Leben!

Mit diesem Dilemma hatte ich niemals gerechnet. Viele meiner Träume und Wünsche platzten wie eine Seifenblase.

Es ist mir bis heute noch unklar, warum ich als gelernter Bergmann zu den wahrscheinlich ersten Bergleuten gehörte, die ihre Arbeitsstelle so schnell verloren. Das war unfassbar für mich, zumal ich mit Leib und Seele ein Bergmann war.

Meine erste Liebe

Meinen Trost suchte und fand ich in diesen Tagen bei meinem Mädchen.

Ich hatte Erika während der Ausbildungszeit meines letzten Lehrjahres kennengelernt. Sie war Verkäuferin in einem großen Kaffeegeschäft.

Erika war meine erste große Liebe! Man kann es auch mit einer großen Jugendliebe vergleichen. War das eine schöne Zeit!

Wenn nur ihr Vater nicht immer solche Angst um seine Tochter gehabt hätte. Er beschwor mich, seine Tochter nicht anzurühren, sie könnte ja schwanger werden und sie sei noch viel zu jung und in der Lehre war sie auch noch.

Eines schönen Tages, ich hatte die Nachmittagsschicht gegen 9.00 Uhr abends beendet, ging ich – statt nach Hause – schnurstracks zu meiner Erika. Ihr Vater war bereits aus dem Haus, weil er zur Nachtschicht ins gegenüberliegende Werk musste. Erikas Mutter befand sich auf einer größeren Reise.

Das wusste ich und das war »die Gelegenheit«.

Mir wurde sofort klar, was auf mich zukam, als ich Erikas Zimmer betreten durfte. Ruck, zuck und schon war ich aller Klamotten entledigt, ich lag nun mit ihr im Bett und alles um mich herum versank in eine unendlich schöne Welt. Was kümmerte es mich, ob da ein Vater war, der sich Sorgen machte, seine Tochter könnte vielleicht von mir schwanger werden? Ich war eben so verliebt, wie ein junger Mann nur verliebt sein konnte. In diesen schönsten Momenten, in denen man lieb und zärtlich zu einem schönen Mädchen sein durfte, ja, da vergaß auch ich die Welt um mich herum.

Plötzlich hörten wir, dass die Flurtür geöffnet wurde. Ach du liebe Zeit, jetzt kam doch tatsächlich mitten in der Nacht ihr Vater vom Werk herüber, weil er ausgerechnet in dieser Nacht seine Pause zu Hause verbringen wollte!

Wenn der mich jetzt erwischt, so dachte ich, erschlägt er mich. Also raus aus dem Bett und mitsamt meinen Sachen unter das Bett. Kaum war ich unter das Bett gekrochen, ging auch schon die Zimmertür auf. Erika hatte wahrscheinlich sehr viel Angst vor ihrem Vater, der wiederum merkte genau, dass mit seiner Tochter etwas nicht stimmte.

»Klaus, es ist besser, wenn du sofort mal in die Küche kommst, ich weiß genau, wo du steckst.« Nun blieb mir in der Tat nichts anderes übrig, als mich Erikas Vater zu ergeben. Obendrein war ich selbst schuld, dass er mich entdeckt hatte. Da hatte ich doch in aller Eile eine Socke vor dem Bett liegen gelassen, selbige hat ihr Vater natürlich entdeckt. Nun stand ich vor ihm in der Küche und musste ein tüchtiges Donnerwetter über mich ergehen lassen.

Für mich war das der Anfang vom Ende einer vielleicht doch noch nicht so ganz großen Liebe.

Existenzkampf

Mein Vater lebte nun schon seit fast einem Jahr nicht mehr.

Er fehlte mir sehr und so war ich mit meinen eigenen, aber auch mit den Sorgen meiner Mutter allein auf mich gestellt.

Seit ich ausgelernt hatte, verdiente ich auch viel Geld. Es war mir inzwischen gelungen, auf einer anderen Schachtanlage – im Ruhrgebiet – wieder einfahren zu können.

In der bereits stillgelegten Schachtanlage der Zeche Klosterbusch war das Arbeiten außerordentlich gefährlich!

Ich wurde einer »Raubkolonne« zugeordnet. Das sind Bergleute, die Abrissarbeiten in den sogenannten »Toten Männern«, die keinerlei Funktion mehr hatten, durchführten; also in solchen Stollen, die schon lange stillgelegt waren. Da waren nicht einmal irgendwelche Wetter zu spüren. Allein das Befahren einer solchen Strecke konnte einem das Gruseln beibringen.

Meine Aufgabe war es, das Ende eines Stahlseiles von einer durch Druckluft angetriebenen Seilwinde jeweils um einem Ausbaustempel zu legen, damit dieser dann mit Windenkraft aus seiner Verankerung gerissen werden konnte. Auf diese Weise wurden mindestens 15 bis 20 Meter Streckenabschnitt je Schicht von ihrem Ausbau befreit.

Dies war »Raubbau« in der höchsten Gefahrenstufe, die ich je im Bergbau erleben musste. Je mehr Ausbaustempel herausgerissen wurden, umso gefährlicher wurde es, unter das nun freie Hangende zu laufen, um den nächsten Stempel für den Abriss vorzubereiten. Es war in der Tat das zweite Mal, dass ich um mein Leben richtig bangen musste, vor lauter Angst, urplötzlich unter herausbrechendem Deckengebirge verschüttet zu werden.

Ich danke der heiligen Barbara, der Schutzpatronin der Bergleute, dass sie mich in dieser Zeit vielleicht vor einem schweren Unfall oder noch Schlimmerem behütet hat.

In solchen Situationen erflehte ich oft ihren Beistand!

Auf die Dauer gesehen, übermannte mich die Angst dann doch, aber ich reichte trotz alledem die Kündigung ein. Ich war fest davon überzeugt, dass es in jedem Falle besser sei, lieber wieder arbeitslos zu sein, als jeden Tag in Lebensgefahr zu schweben.

Das war dann auch der Abschied vom Bergbau. Dabei war ich mir überhaupt nicht bewusst, wie sehr ich die große bergmännische Kameradschaft eines Tages vermissen würde.

Doch im Moment war ich sehr verzweifelt, mich von den besten Freunden und Helfern eines Bergmannes verabschieden zu müssen, nämlich auch noch von vier Grubenpferden.

Ja, es gab in dieser Schachtanlage tatsächlich noch Pferde, aber sie waren nicht mehr »im Dienst«. Diese Tiere bekamen auch nicht mehr ihr Gnadenbrot auf einer schönen grünen Wiese. Aber wer weiß, ob sie überhaupt noch ein solches Paradies wahrnehmen konnten, denn sie waren aufgrund ihres lebenslangen Aufenthaltes in der Grube völlig erblindet. Ich nutzte jede mir mögliche Gelegenheit, zum Stall dieser bedauernswerten Kreaturen gehen zu können, um mich mit den Pferden zu unterhalten.

Mir wird noch heute speiübel, wenn ich nur daran denke, was man diesen Tieren für ein unermesslich großes Leid zugefügt hat.

Nach meiner letzten Schicht im Bergbau blieb mir nichts anderes übrig, als mich in das große Heer der Arbeitslosen einzureihen. Nunmehr konnte ich meinen Traum, vielleicht einmal Steiger zu werden, begraben. Aber dazu hatte ich ja auch selbst beigetragen. Ich behaupte heute, mein Vater hätte mir die Ohren langgezogen für mein wohl doch bisweilen unüberlegtes Verhalten im Bergbau. Da hätte ich wohl schon auf die Meinung meines besten Freundes hören sollen.

So kamen die Gedanken an meinen Vater – er war eben doch mein bester Freund gewesen. Er hätte mich nie im Stich gelassen!

Na dann, GLÜCK AUF Klaus Roth für deine weitere Zukunft! – Doch wie sollte es nun weitergehen?

Ich hatte wahnsinnige Angst vor einer längeren oder – noch schlimmer – vor einer dauerhaften Arbeitslosigkeit. Aber ich bewarb mich ständig aufs Neue, auch wenn ich dabei immer wieder die Betriebe wechseln musste. Hauptsache ich bekam überhaupt einen Job.

Die nun folgende Zeit war für mich wahrlich kein Zuckerschlecken. Ich wechselte häufig die Arbeitsstellen und verdiente dadurch immer weniger. Ich war in den Firmen ständig ein Fremder unter Fremden und hatte dadurch auch nicht immer Lust, länger als notwendig in einer Firma zu verbleiben.

Meine Mutter wurde immer unzufriedener. Irgendwann nistete sich dann auch noch ihr Lebenskamerad bei uns ein, der ebenfalls arbeitslos war. Wenn ich dann wirklich wieder einer Arbeit nachging, so durfte ich diesen Menschen auch noch mit ernähren. Das schaute ich mir nicht mehr länger an.

Auf dem Arbeitsamt wurden zufällig Stellen für Arbeitsorte außerhalb meiner Heimatstadt ausgeschrieben.

So zog ich kurzerhand aus der elterlichen Wohnung im Ruhrgebiet aus und nahm eine Tätigkeit außerhalb meines Wohnsitzes, nämlich im schönen Bergischen Land auf. Das war für mich schon ziemlich weit von Castrop-Rauxel entfernt, aber Hauptsache war, ich hatte wieder eine ordentliche Arbeit.

Ich wohnte auf einem Bauernhof und teilte mir ein Zimmer mit Dieter, der auch aus meiner Gegend stammte.

Wir erhielten beide eine Anstellung in einem Sägewerk, die uns jungen Leuten auch sehr gefiel.

Für Kost und Logis bezahlten wir beim Bauern wöchentlich 40 DMark (davon kann man in der heutigen Zeit nur träumen).

Jetzt ging es uns gut. Wir hatten beide den Mut aufgebracht, unsere Elternhäuser zu verlassen, um uns in der Fremde eine neue Existenz aufzubauen.

Dieter und ich wurden mit der Zeit gute Freunde. Das erste Mal in unserem Leben genossen wir unsere persönliche Freiheit. Wir gingen ja nicht mehr am Gängelband unserer Elternhäuser.

Wir gingen viel ins Kino und waren uns fast immer einig, welche Filme wir sehen wollten. In den Fünfzigerjahren war es für manche

Leute regelrecht Pflicht, besser gesagt schon fast eine Sucht, dass man sich nur »Western« anschaute. Aber im Laufe der Wochen und Monate verloren wir allmählich die Lust an Filmen dieser Art.

Lieber gingen wir in die Kneipe, da war in diesen Jahren immer etwas los.

Es war nun einmal die Zeit der Musikboxen, der Würfelbecher und selbstverständlich auch immer ein Spiel mit dem Kneipenwirt. Man verstieß auf diese Weise gegen das Gesetz, da ja Glücksspiele in den Gasstätten generell verboten waren. Aber was konnte schon passieren, wenn der Gastwirt selbst mitspielte?

All diese Dinge wurden uns jedoch immer häufiger zur Gewohnheit und so ließ auch hier das Interesse daran sehr schnell nach.

Mit der Zeit begannen Dieter und ich uns zu langweilen. Was sollten wir bloß immer mit unseren Feierabenden anfangen? Wir arbeiteten von früh um 7.00 bis abends um 17.00 Uhr. Um 18.00 Uhr gab es Abendbrot, reichlich und gut, jeden zweiten Abend Bratkartoffeln, oder auch andere warme Speisen. Unsere Bäuerin war eine hervorragende Köchin, obwohl sie keinerlei Geschmacks- und Geruchssinn besaß.

Kaum war der Tisch wieder abgedeckt und unsere Küchenfee mit dem Aufwasch beschäftigt, holte der Bauersmann flugs ein paar Skatkarten, damit er Dieter und mir mit »Siebzehn und Vier« das Fell über die Ohren ziehen konnte. Wehe ihm aber, wenn dies seine Frau – unsere liebe, aber auch sehr resolute Bäuerin – gesehen hätte. Die hätte ihren Mann und uns beide mit Sicherheit zum Ausmisten in den Kuhstall gejagt.

Eines Abends machten Dieter und ich uns auf den Weg in die nächste Kneipe. Wir wollten uns ein wenig die Langeweile vertreiben. Wie es sich gehörte, haben wir uns herausgeputzt, frisch rasiert und viel Pomade ins Haar geschmiert. In dieser Hinsicht waren wir uns sehr ähnlich.

Es war ein schöner, lauer Sommerabend. So ganz und gar das Wunschwetter für junge verliebte Menschen. Nur mit dem einen

Unterschied, dass wir beide zurzeit keinerlei Mädchenbekanntschaft hatten.

Doch schau einer an:

An diesem Abend, auf dem Weg zu einem Bier, begegneten uns doch tatsächlich zwei wunderschöne weibliche Wesen, die – und das wussten wir genau – ein paar Häuser weiter entfernt von unserem Bauernhof wohnten. Was wir aber nicht wussten, war die Tatsache, dass es zwei Schwestern waren, die zurzeit auch keinen Anhang besaßen, einsam waren und sich ebenso langweilten wie Dieter und ich.

Na, dem konnte man doch abhelfen!

Ehe wir es uns versahen, hatten wir jeder ein Mädchen an der Hand. So gingen Dieter und Doris ihrer Wege, während ich bei Martha gar nicht so recht wusste, was ich mit ihr anfangen sollte.

Ich schätzte Martha auf etwa 20 Jahre; sie war blond wie ein Schwedenmädel und wir waren gleich groß. Und sie war mollig!

Dieses Mädchen besaß all diese äußerlichen Schönheitsmerkmale, die absolut meinen Wunschvorstellungen von einer schönen Frau entsprachen.

So waren eben die Gedanken eines 21-jährigen jungen Mannes.

Es dauerte dann auch nicht lange, bis die ersten Zärtlichkeiten ausgetauscht wurden und ich mich unsagbar in Martha verliebte.

Ich erlebte eine schöne Zeit mit Martha, auch auf dem Bauernhof machte es mir Spaß zu wohnen, und die Arbeit im Sägewerk gefiel mir ebenfalls sehr gut.

Eigentlich konnte ich mit mir selbst zufrieden sein, aber die Sorgen um meine Mutter zu Hause in Castrop-Rauxel wurden immer größer. Meine Mutter bezog nur eine kleine Witwenrente und bekam, soweit dies überhaupt möglich war, ergänzend dazu auch nur eine entsprechend klägliche staatliche Unterstützung.

Weil meine liebe Mutti aber den verlockenden Angeboten in der freien Marktwirtschaft nicht widerstehen konnte, ließ sie sich von vielen Vertretern viele Dinge aufschwatzen. Dabei wurde ihr natürlich auch unnützer Kram verkauft. Mutter kaufte alles in kleinen Raten, die sie dann nicht mehr bezahlen konnte.

Ich aber galt noch immer als der Familienernährer, der ich ja seit der Zeit meiner Lehre im Bergbau gesetzlich und auch moralisch gegenüber meiner Mutter immer noch verpflichtend blieb. Demzufolge wendeten sich Mutters Gläubiger an mich, um bei mir Geld einzutreiben. Schließlich wäre ich für meine Mutter verantwortlich. Als Resultat aus diesem Schlamassel wurde mir mein Lohn im Sägewerk so weit gekürzt, dass ich nur noch Geld für Kost und Logis übrig hatte.

Immer wieder kamen neue Schulden dazu, meine Mutter wurde diesbezüglich sehr unvernünftig, sie nahm einfach keine Lehre an und bemühte sich keinesfalls, selbst von diesen völlig unnötigen finanziellen Belastungen wegzukommen.

Um mein persönliches Limit ein wenig aufzubessern, blieb mir nichts anders übrig, als nun auch an den Wochenenden Gelegenheitsarbeiten aller Art anzunehmen. Das aber hatte zur Folge, dass ich mein Mädchen nur noch wenig zu sehen bekam.

Martha konnte es nicht verstehen, warum nur ich allein für Mutters Finanzprobleme geradestehen musste. Ich konnte ihr diesbezüglich nicht einmal widersprechen.

Eines Tages brach für mich die Welt zusammen! Meine geliebte Martha erklärte mir die Beendigung unserer Beziehung. Sie wollte die Trennung!

Ich zog sofort bei den lieben Bauersleuten aus, damit ich ja nicht mehr an Marthas Haus vorbeigehen musste, wenn ich täglich ins Sägewerk zur Arbeit ging.

Ich kam einfach nicht über die Trennung von Martha hinweg. Dazu kamen immer wieder die völlig unüberlegten »kleinen Ratenkäufe« meiner Mutter; ihr Schuldenberg wuchs und wuchs und ich durfte bezahlen.

Ich war mit meinen Nerven absolut am Ende.

Ich hatte schon schlimme Gedanken. So jedoch fasste ich noch einen anderen Entschluss, der mein Leben völlig verändern sollte!

Ich wollte mir eine Eisenbahnfahrkarte nach Berlin-Ost kaufen. Dort wollte ich zu meiner älteren Schwester Inge, um mich bei ihr auszuheulen. Ich hoffte auch sehr auf ihre guten Ratschläge für meine derzeit verfahrene Situation.

Ich glaubte auch, nur mit meiner Schwester Inge über dieses Thema sprechen zu können.

Zu meinen beiden Brüdern zu gehen, die gar nicht allzu weit von mir entfernt wohnten, hatte ich keinerlei Mut und Vertrauen. Sie hätten mir mit Sicherheit nur Vorwürfe aller Art gemacht. Als Jüngster wurde ich von ihnen ohnehin nie richtig ernst genommen.

Eine Bahnfahrkarte am Schalter zu erwerben, um in den Osten zu reisen, war in der Bundesrepublik Deutschland im Jahr 1962 kein Problem. Ich löste mir also eine Rückfahrkarte nach Berlin-Ostbahnhof.

Ich bin ich mir bis zum heutigen Tag nicht im Klaren, ob ich über diesen Entschluss, mir eine solche Fahrkarte gekauft zu haben, lachen oder weinen soll.

März 1962 – Gefangenhaltung und Internierungszeit

Wartha ist ein Bahnhof der Deutschen Reichsbahn in Thüringen und zugleich Grenzübergang zwischen der Bundesrepublik Deutschland und der Deutschen Demokratischen Republik.

Ich befand mich als REISENDER im Abteil des Interzonenzuges von Dortmund in der Bundesrepublik Deutschland nach Berlin-Ost in der Deutschen Demokratischen Republik.

Es war gegen 20.00 Uhr abends.

»Achtung Reisende, hier sprechen die Grenzorgane der Deutschen Demokratischen Republik. Halten Sie bitte Ihre Reisedokumente zur Kontrolle bereit!«

So oder ähnlich kamen diese Anweisungen über große, auf den Bahnsteigen installierte Lautsprecher.

Eine unmissverständliche Aufforderung an die Reisenden!

Ich habe nicht geahnt, dass sich in diesem Zug so viele Menschen befanden.

Plötzlich war auch ich an der Reihe, da man meine Papiere zu sehen wünschte. Nun gut.

Da ich nur einen Besuch bei meiner älteren Schwester in Berlin-Ost geplant hatte, brauchte ich bei der Passkontrolle ja auch nichts zu befürchten.

Dachte ich jedenfalls.

Ich sollte aber sehr schnell eines Besseren belehrt werden.

Vor mir im Abteil stand plötzlich ein Offizier der bewaffneten Grenzorgane der DDR, in Begleitung zweier bis an die Zähne bewaffneter Soldaten. Ich wurde, wie viele andere Mitreisende auch, aufgefordert, das Zugabteil zu verlassen und auf dem Bahnsteig mitsamt meinem Gepäck zu warten. Vor Verlassen meines Zugabteils wurde mir meine Fahrkarte Dortmund-Hauptbahnhof nach Berlin-Ostbahnhof abgenommen. Selbst mein bisschen Reisegeld konnten diese Strolche auch noch gebrauchen. Zu meinem Glück hatte ich nur etwas über 200 Deutsche Mark bei mir.

Für alles, was mir abgenommen wurde, erhielt ich nicht einmal eine Quittung. Ich würde es also niemals beweisen können, dass ich an dieser Stelle regelrecht ausgeraubt wurde.

Erst als der Zug in Richtung meines ursprünglichen Reiseziels seine Fahrt fortsetzte, begann ich langsam zu begreifen, in welch fataler Lage ich mich plötzlich befand. Mir fiel auf, dass sich auf dem Bahnsteig viele junge Menschen befanden. Ob die wohl auch auf diese mir soeben widerfahrene Art und Weise den Zug hatten verlassen müssen?

Ich hätte in diesem Augenblick in Tränen ausbrechen können. Ich fühlte mich plötzlich einsam und irgendwie verlassen. Aber lange über diese Situation nachzudenken; nein, dazu kam ich gar nicht, da ich von dem Offizier aufgefordert wurde, ihm zu folgen.

In einem kleinen, sehr spartanisch eingerichteten Warteraum auf dem Bahnsteig wurde ich nach dem Ziel meiner Reise befragt. Dass ich meiner Schwester in Berlin-Ost nur einen Besuch abstatten wollte, wurde mir nicht geglaubt. Da half es auch nicht, meine Glaubwürdigkeit anhand der bereits schon im Zug konfiszierten Fahrkarte beweisen zu wollen.

Es war immerhin eine Rückfahrkarte, die man mir weggenommen hatte. Das konnte ja heiter werden!

In diesem Moment wurde mir bewusst, was das alles zu bedeuten hatte. Ohne Geld war ich völlig aufgeschmissen.

Nun wurde mir auch noch mein bundesdeutscher Personalausweis abgenommen. In diesem Augenblick ahnte ich noch nicht, dass ich dieses wichtige Dokument nie mehr zurückerhalten sollte.

Mir schlug das Herz so heftig, dass ich dachte, es könnte jeden Augenblick zerspringen. »Was sind Sie von Beruf? Ich nehme an, Sie wollen politisches Asyl in der DDR beantragen.«

Dieser Mensch hat sich doch tatsächlich seine eigene Frage gleich selbst beantwortet. Angesichts der begleitenden Soldaten mit den im Anschlag gehaltenen Maschinengewehren, wohlgemerkt auf mich gerichtet, kann ich mich beim besten Willen nicht mehr daran erinnern, was ich dem Offizier zur Antwort gab. Ich glaube, ich machte mir vor lauter Angst bald in die Hose. Das Gefühl, das mich angesichts der auf mich gerichteten Mündung eines Maschinengewehres überkam, ließ mich erzittern.

Ich hatte Angst! Mir war mulmig zumute. Die sahen mir die Wut, die ich in der Tat kaum verbergen konnte, schon an.

Was, wenn einer der Soldaten eine Bewegung meinerseits vielleicht falsch deuten würde oder wenn einer »versehentlich« an den Abzug seines MGs kommen würde?

Auf diesem Bahnsteig hatten viele Menschen das Gefühl, wie Verbrecher behandelt zu werden. Die Proteste all der Reisenden, die aus dem Zug herausgeholt wurden, halfen nichts und niemandem. Die ließen uns einfach auf dem Bahnsteig stehen. Auch wenn wir schon den Monat März schrieben, es war immer noch sehr kalt, und obendrein begann es nun auch noch zu regnen.

Waren wir jetzt Gefangene und wurden wir vielleicht in ein Gefängnis gebracht? Keiner auf dem Bahnsteig wusste etwas darüber. So, wie uns diese sogenannten »Grenzorgane« behandelten, musste man schon mit dem Schlimmsten rechnen. Im Übrigen ahnte niemand, was die mit uns vorhatten. Ich weiß nicht mehr genau, wie lange wir auf dem Bahnsteig ausharren mussten.

Selbst der notwendige Gang zur Toilette war nur in Begleitung und unter Bewachung eines Soldaten möglich.

Nach einer sehr langen Wartezeit – unser Zug musste inzwischen schon längst in Berlin angekommen sein – wurden wir plötzlich aufgefordert, in die vor dem Bahnhof bereitgestellten Busse einzusteigen.

Was für alte Vehikel! Aber wir saßen wenigstens im Warmen. Diese Fahrt dauerte etwa eine Stunde. Das Ziel war ein sogenanntes Aufnahmelager für politisch Asylsuchende aus der BRD.

So wurde es uns jedenfalls in einer kurzen Begrüßungsansprache bei der Ankunft gesagt. Ich konnte es nicht verstehen, was da alles mit uns veranstaltet wurde.

Das Aufnahmelager bestand aus sechs doppelstöckigen Baracken.

Übrigens: Über dem Tor des Einganges stand in großen Lettern: »**AUFNAHMEHEIM** Eisenach in Thüringen«.

Ich wurde in die Baracke drei eingewiesen. In einen Raum mit acht Betten. Mein Bett konnte ich mir aussuchen. Es waren Doppelstockbetten.

Wahrscheinlich hatte ich mir unbewusst das beste Bett ausgesucht, denn ich schlief unten und gleich am Fenster. Wer zum Beispiel als Soldat gedient hat, weiß bestimmt, was damit gemeint ist.

Nachdem also am nächsten Tag der »Frührapport« beendet war, hatte ich ein wenig Zeit, mich im Lager umzuschauen.

Mein Gott, wo war ich da bloß hineingeraten? In der Mitte des Lagers stand eine Art Zentralbaracke, worin sich auch der Speisesaal befand. Gleich neben dem Eingang zum Speisesaal war eine Kantine und eine kleine HO-Verkaufsstelle für Tabakwaren, Bier, Süßwaren und Sonstiges (HO = staatliche Handelsorganisation in der DDR).

Das Aufnahmelager befand sich in einem abgelegenen Bereich der Kreisstadt Eisenach, unweit des Rangierbereiches für den Bahnhof Eisenach.

Wie viele junge Leute war auch ich Raucher. Sich das Rauchen abzugewöhnen, war nicht einfach. In diesem Lager hatte ich unter anderem nur den einen Wunsch, nämlich mit der elenden Qualmerei aufzuhören. Das fiel mir ziemlich schwer.

Und das kam so:

Aus dem »WESTEN« kommend, war ich natürlich sehr verwöhnt mit der Auswahl »guter« Zigaretten. Allein die Aufmachung von östlich hergestellten Zigarettenschachteln lösten in mir Furcht und Schrecken vor dem eigentlichen Inhalt einer solchen Schachtel aus. Also schwor ich mir, nie mehr zu rauchen. Geld hatte ich ohnehin nicht viel. Ein paar DM hatte ich noch heimlich behalten, die mir aber zu wertvoll waren, um sie für dieses Kraut auszugeben.

Doch der Appetit auf einen Glimmstängel wurde immer größer. So gab ich denn doch noch meine letzten DM, umgetauscht in Ostmark, für Zigaretten – Herstellungsrechte »Made in DDR« – aus.

Am dritten Tag meines unfreiwilligen Aufenthaltes im Lager hatte ich den Vorfall Zigaretten schon vergessen. Ich war einerseits sehr gespannt, wie es weitergehen sollte, andererseits machte ich mir große Sorgen darüber, was da noch alles auf mich zukommen könnte.

Was wollten die eigentlich von mir? Die hatten uns »Bewohner« doch in sicheren Händen. Das Lager wurde nicht nur von der als Pförtner getarnten und bewaffneten Volkspolizei bewacht, sondern es besaß außerdem zu »unserem Schutz« auch noch eine dementsprechende »Umzäunung«.

Für mich das Schlimmste, was ich mir je vorstellen konnte!

An eine Flucht zu denken, war zwar rein theoretisch möglich, aber praktisch absolut nicht ausführbar. Bereits im ersten »Frührapport« wurde uns unmissverständliche erklärt, dass ein unerlaubtes Verlassen des Lagers als Fluchtversuch angesehen würde und uns das Leben kosten könnte!

Ich weiß selbst nicht mehr genau, wie lange ich nun schon im Lager festgehalten wurde. Nach langer Zeit des untätigen Wartens musste ich eines Tages zu einer ersten Befragung über meine Person in der Verwaltungsbaracke erscheinen.

Nun, das war alles noch ziemlich harmlos. Belanglose Fragen zur eigenen Person, die von meinem Gegenüber selbstverständlich in aller Höflichkeit gestellt wurden, vermochten mich nicht besonders aufzuregen.

So vergingen noch ein paar weitere Tage, als ich zum zweiten Mal zum Verhör antanzen musste. Von einer Befragung konnte jetzt wohl keine Rede mehr sein. Jetzt ging es nämlich richtig zur Sache.

Wie ernst diese Drohung war, sollte ich in dieser zweiten Vernehmung erfahren.

Ein »Herr« in Zivil – man sah im Lager ja auch genug uniformierte Leute herumlaufen – saß mir gegenüber:

»Wer hat Sie zu uns geschickt? Wo haben Sie zuletzt gearbeitet?

Wer ist Ihr Auftraggeber? Zu welcher Person haben Sie in der DDR Verbindungen? Haben Sie in der letzten Nacht gut geschlafen?«

Der drohende Unterton in all diesen und noch vielen weiteren Fragen war mitnichten zu überhören.

Ich erwiderte: »Ihre Fragen beantworte ich nicht. Sie haben mich an der Grenze widerrechtlich aus dem Zug geholt. Ich verlange meine sofortige Entlassung und die Möglichkeit, wieder in meine Heimat zurückzufahren. Außerdem mache ich Sie darauf aufmerksam, dass Sie mich mit meiner Festnahme auf dem Bahnhof Wartha meiner Freiheit beraubt haben.«

Hätte ich auch nur geahnt, wer mir in diesem Verhör und den weiteren Verhören ständig die gleichen Fragen stellte, so wären meine Antworten wesentlich zurückhaltender gewesen.

»Sie werden noch viel Zeit bekommen, über unsere Fragen nachzudenken.«

Damit war ich zunächst für diesen Tag entlassen.

Ich gehörte mit großer Wahrscheinlichkeit zu einem sehr unerfahrenen Personenkreis, der diesen Staat denn auch von »dieser Seite« das erste Mal kennenlernte.

Das war aber erst der Anfang.

In den nächsten drei Wochen wurde ich achtmal verhört, was aber zu keinem anderen Ergebnis führte. Die Fragen waren immer die gleichen.

Meine Antworten aber auch.

In dem letzten der acht Verhöre hatte ich auf gut Deutsch die Schnauze voll. Nach den immer wiederkehrenden gleichen Fragen verlangte ich nunmehr unverzüglich meine Freilassung aus der gegen meinen Willen erfolgten Verhaftung.

Ich hätte mich vorher erkundigen sollen, welche Probleme auf mich zukommen könnten, dann wäre ich mit an Sicherheit grenzender Wahrscheinlichkeit niemals in dieses verdammte kommunistische Ostdeutschland gereist.

Ich wollte nach Hause!

Ich hatte Sehnsucht nach meinem Elternhaus, nach meiner Mutter, nach meinem Bruder Hans. Zugleich machte ich mir sehr große Sorgen um meine Zukunft. Jetzt war ich schon einige Wochen hier gefangen und weder die Mutter noch mein Bruder noch meine Tanten noch meine Onkel noch mein Opa wussten, wo ich mich befand. Wahrscheinlich ahnten sie es nicht einmal. Immerhin hatte ich in dieser Phase wenigstens keine Beziehung zu einem Mädchen. Das war in dieser Situation wohl auch das Beste.

Meine Arbeitsstelle hatte ich mit Sicherheit schon verloren. Mein Arbeitgeber konnte ja nicht wissen, wo ich mich zurzeit herumtrieb.

Ich warf meinen Peinigern immer wieder Freiheitsberaubung gegen meine Person vor. Ich tobte und brach vor lauter Wut und angesichts meiner Machtlosigkeit in Tränen aus. Nichts half.

Als alles ohne Reaktion bei diesen Leuten blieb, drohte ich mit Flucht aus dem Lager und weiter über die grüne Grenze der DDR.

Ab diesem Moment wurde ich anders behandelt.

»Sie werden solange hier im Lager bleiben, wie wir das für richtig befinden.« Damit wurde ich aus diesem Verhör entlassen.

Ich erhielt Hausarrest, durfte mich aber trotzdem im Terrain des Lagers frei bewegen.

In der Gerüchteküche im Lager brodelte es inzwischen recht kräftig. Übereinstimmende Meinung fand man immer mehr dahin gehend, dass die DDR wohl zu wenige Fachleute aus allen beruflichen Sparten habe. Das käme wohl daher, weil unzählig vielen Menschen die Flucht aus dem kommunistischen Staat in den Westen bisher gelungen war. Natürlich konnte ich daraus nicht schlussfolgern, dass man hier deshalb in meiner Person vielleicht eine »wertvolle« Arbeitskraft vermutete.

Aber ich war ja von Beruf Steinkohlenbergmann, hatte meine beruflichen Kenntnisse und Erfahrungen, die man – und da bin ich mir ganz sicher – gerne im Steinkohlenbergbau der DDR gebrauchen könnte. Ich stelle mir noch heute, im Alter, die Frage, ob dies vielleicht der Grund war, mich in diesem Lager mürbe zu machen.

Die nun folgenden Wochen wurden mir zur Qual. Durfte ich nun bald wieder nach Hause?

Sie ließen mich wie ein Fisch im Netz zappeln.

Plötzlich hatte ich Zeit, über mein junges Leben nachzudenken. Viel Zeit.

Ich hörte von »Mitbewohnern« des Lagers, dass diese schon ein ganzes Jahr lang in diesen Baracken hausten.

Wenn ich eine Straftat begangen hätte, so wäre es wohl ganz normal, würde man dafür eingesperrt. Warum aber ich mit meinen 24 Lenzen hier, im Lager eingesperrt, die Zeit verbringen musste, weiß ich bis zum heutigen Tage nicht.

Das war vor über 60 Jahren. Ich glaube es auch nicht mehr zu erfahren.

Meine Gedanken waren zu Hause bei Muttern, die eine sehr kranke Frau war. Ihre schwere Nierenerkrankung hatte sich meine Mutter im letzten Kriegsjahr auf der Flucht von Schlesien nach Thüringen geholt.

Das war im höllisch kalten Winter 1944/45!

Ich machte mir große Sorgen um meine Mutter!

Wenigstens konnte ich ihr aus dem Lager schreiben. Dabei war ich gar nicht mal so sicher, ob die aus dem Lager abgehende Post nicht noch vorher kontrolliert wurde. Jedenfalls traute man es der Leitung des Aufnahmelagers zu.

Wenn ich daran denke, was meine Mutter für uns Jungen alles zuwege brachte, um uns heil durch den Krieg zu bringen, so bin ich noch heute sehr glücklich darüber, dass ich eine solche Mutter hatte.

Das bin ich meiner Mutter wohl ein ganzes Leben lang schuldig, denn ich muss auch heute noch stets daran denken, welch große Entbehrungen sie auf sich nahm und dabei auch die Gefährdung ihrer Gesundheit in Kauf nahm. Das betrifft sowohl die furchtbaren Kriegstage als auch die schrecklichen Augenblicke während der Flucht.

In großer Dankbarkeit werde ich wohl bis an das Ende meiner Tage in Liebe und voller Stolz an meine Mutter denken. Sie war einfach eine großartige Frau. Sie war meine Heldin!

Der Sommer des Jahres 1962 war nun schon vorbei und ich befand mich noch immer im Aufnahmelager Eisenach. Natürlich war ich jetzt resigniert; ich hatte es aufgegeben, noch in irgendeiner Art und Weise an Flucht zu denken. Ich fiel in eine Art Lethargie und mir war inzwischen alles egal. Ab und an durfte ich im nahe gelegenen Autowerk arbeiten, aber meistens nur in Nachtschichten.

Das hatte auch seinen Grund, das mit den Nachtschichten: Wir Bewohner im Lager waren bei der DDR-Bevölkerung nicht besonders gern gesehen.

Es konnte einfach kein Mensch aus der DDR verstehen, dass jemand von West nach Ost »auswandert«. Deshalb wollte man uns Lagerbewohner aus diesen und noch anderen Gründen, soweit dies überhaupt möglich war, von den Einwohnern der Stadt isolieren. Jeder Kontakt der Bevölkerung zu uns wurde unterbunden. Man kam sich vor, als ob man zu den Aussätzigen einer menschlichen Gesellschaft gehörte.

So vergingen Wochen und Monate in der Eintönigkeit dieses Lagers für »politisch Asylsuchende« und obgleich ich mich nicht mit diesen Personen identifizierte, musste ich das Unrecht, in diesem Lager eingesperrt zu sein, wohl oder übel über mich ergehen lassen. Viele Menschen in diesem Lager dachten wie ich. Ich war wenigstens mit meinen Ängsten und Sorgen nie allein, obwohl mir manch tröstende Worte auch nicht unbedingt halfen. Es gab natürlich auch manche »schwarzen Schafe« unter uns Lagerinsassen. Das wurde uns dementsprechend in einem gewissen Grad zum Verhängnis. Dadurch wurde unser ohnehin schon eingeschränktes Ansehen noch mehr in Mitleidenschaft gezogen.

Nie und nimmer konnte ich mich mit meinem Aufenthalt im Lager abfinden. Nach wie vor hatte ich doch noch Fluchtgedanken, jedoch leider nicht den Mut zu einer Flucht. Aber wer weiß, denn im Falle eines Fluchtversuches bin ich mir nicht sicher, ob ich überhaupt die Möglichkeit gehabt hätte, dieses Buch zu schreiben.

In dieser Zeit gingen mir immer wieder die seltsamsten Gedanken durch den Kopf. War es Schicksal, dass ich noch immer und schon wieder auf »Wanderschaft« war?

Immer wieder musste ich an meine frühe Kindheit denken, als wir unser Elternhaus mit amerikanischer »Hilfe« und deren Fliegerbomben verloren.

Noch immer im Lager Eisenach

So begleiteten mich viele Gedanken, während des gesamten Aufenthaltes in diesem verruchten Lager, und obwohl ich mich nun schon langsam an diese unfreiwillige Haft gewöhnte, war ich dennoch verbittert und verzweifelt zugleich ob meiner besch... Lage, in der ich mich durch eigenes Verschulden befand.

Hätte ich mich vorher erkundigt, was man für eine Reise in den Osten benötigt, ich glaube, ich hätte meiner Schwester lieber einen langen Brief geschrieben, um ihr von meinen Sorgen zu berichten.

Dennoch, niemand hatte das Recht, mich meiner Freiheit zu berauben!

Die Wochen und Monate vergingen. Die schönen Sonnentage des Sommers 1962 gingen vorbei und ich war noch immer im Aufnahmelager Eisenach.

Was für eine Schmach!

Eines Tages musste ich mich plötzlich bei der Lagerleitung melden. Das war schon sehr erstaunlich, dachte ich doch, die hätten mich völlig vergessen.

Anfang August 1962 wurde mir also mitgeteilt, dass ich in den nächsten Tagen entlassen würde. Man habe mich überprüft und es gebe keine Gründe warum ich nicht ein ordentlicher Bürger der DDR werden könnte.

In diesem Zusammenhang wurde mir ein provisorischer Personalausweis, ein sogenannter PM 12, ausgehändigt. Jetzt war ich ein halber DDR-Bürger.

Dann erhielt ich noch eine Fahrkarte der Deutschen Reichsbahn. Als Reiseziel stand auf dieser ein kleiner Ort, in der Nähe der thüringischen Bezirksstadt Gera.

In diesem Ort hatte ich mich in einem Zwischenaufnahmeheim – ebenfalls nur für politisch Asylsuchende – zu melden.

Das Gebäude selbst war eine Villa, die wahrscheinlich durch die Arbeiter- und Bauernmacht zum Volkseigentum deklariert worden war. Diese Villa war sehr komfortabel eingerichtet und man konnte sich auch in seinem Zimmer sehr wohlfühlen.

Kein Wunder also, dass auch hier ein gewisser Hass bei den Einwohnern des Ortes gegenüber den Heimbewohnern entstand. Es sprach sich ja herum, wie komfortabel die Westdeutschen untergebracht wurden.

Ich aber wollte auf keinen Fall komfortabel wohnen; ich wollte vielmehr zurück nach Hause. Nach Hause in meine Heimatstadt Castrop-Rauxel, zu meiner Mutter, um die ich sehr viel Angst hatte.

Aber auch hier wurde jedes Gesuch mit der annähernd gleichen Begründung, wie schon im Lager Eisenach, abgelehnt. Mir war das unheimlich. Warum durfte ich nicht wieder nach Hause?

Stattdessen wies man mir eine Arbeitsstelle in einem Volkseigenen Betrieb zu. In diesem Betrieb wurden keramische Erzeugnisse als Zulieferung für die Elektroindustrie der DDR hergestellt. Meine Arbeit bestand im Wesentlichen aus innerbetrieblichen Transportarbeiten. Es war, wenn man so will, meine erste Berührung mit den Werktätigen in der DDR.

Ich kann mich leider nicht erinnern, mit freundlichen Kollegen meine Arbeitszeit verbracht zu haben.

Als mir dann eines Tages auch noch eine Tonschale mit frisch gebrannten Keramikteilen zu Boden fiel, diese und deren Inhalt zerbrachen, war ich sofort ein »westdeutscher Saboteur«.

Nach dem Feierabend im Betrieb wurde ich schon im Dachgeschoss der feinen Villa erwartet. Ich hatte gar nicht gewusst, dass es dort oben einen Büroraum gab.

Dort machte mir ein Herr in dunkler Kleidung klar, dass er Methoden hätte und sich gezwungen sehe, diese dann auch gegen mich anzuwenden, falls sich solche Vorkommnisse im Betrieb wie am heutigen Tage wiederholen würden. Dies wäre für mich und meine Zukunft dann auch von großer Tragweite. Meine Antwort war auch jetzt die gleiche, die ich schon im Lager Eisenach den Herren in den Verhören gegeben hatte:

»Ich will nach Hause!«

Meine erste »Freiheit« in der DDR

Ende August 1962 durfte ich das Zwischenaufnahmeheim verlassen und musste mich dafür beim Rat des Kreises der Stadt Greiz anmelden. Hier wurde mir eine Unterkunft im Goldenen Anker, einer ehemaligen Gaststätte mit Fremdenzimmern, zugemutet.

Ich bekam ein Zimmer mit einem Bett, einem Stuhl und einem alten, vergammelten Kleiderschrank. Mehr passte auch nicht in diesen jämmerlichen und sehr schmutzigen Raum. Ein Ofen und eine Waschgelegenheit fehlten ebenfalls. Es war in der Tat eine elende Spelunke. Es dauerte dann auch nicht lange und ich suchte mir auf eigene Faust in Greiz ein Zimmer, in unmittelbarer Nähe meiner früheren, elterlichen Wohnung, bei einer sehr netten alleinstehenden älteren Dame.

Um eine Arbeitsstelle musste ich mich nicht erst kümmern, dies war Sache des Rates des Kreises in Greiz, Abteilung »Inneres«. Von dort erhielt ich die Anweisung, mich unverzüglich in der Kaderabteilung eines Greizer Volkseigenen Betriebes zu melden. Ich war ja froh, endlich wieder arbeiten gehen zu können, und so machte ich mich schnurstracks auf den Weg dorthin. Der Betrieb war eine Textilweberei für Kleiderstoffe aller Art.

Selbstverständlich wurde ich auch eingestellt. Ich wurde Stuhlbauer, das heißt auf gut Deutsch, Schlosser für Webstühle und andere Textilmaschinen. Ich hatte von Tuten und Blasen keine Ahnung und war bestimmt auch der miserabelste Schlosser, was die Qualifizierung betraf. Mein Verdienst sah denn auch entsprechend aus, obwohl ich sogar die höchste Lohngruppe bekam.

Das wiederum erweckte eine Menge Wut und Neid bei einigen Kollegen in der Schlosserei.

Jetzt war ich auch hier der verfluchte Westdeutsche, dem man Zucker in den Hintern bläst, während die Kollegen ewig auf eine Lohnerhöhung warten mussten.

Was sollte ich aber machen? Über meine Person bestimmten ganz andere Leute, die auch gefährlich genug waren, mir das Leben zur Hölle zu machen. Seit der Eisenacher Zeit war mir dies ja oft genug angedroht worden.

Langsam, aber sicher kotzten mich diese sogenannten Kollegen wegen ihrer ständigen Stänkereien gegen mich an. Ich hatte die Nase wegen der miesen Beschimpfungen gegen meine Person gestrichen voll.

Erklärungen meinerseits wurden nicht akzeptiert, stattdessen wurde ich aufgrund meiner westdeutschen Herkunft in völlig unvernünftiger Art und Weise beschimpft. Primitiver ging es wahrlich nicht mehr.

Mir reichte es jetzt endgültig. Ich beschloss, Greiz zu verlassen, und bewarb mich in Karl-Marx-Stadt bei einem Montagebetrieb. Ich glaubte allen Ernstes, wenn ich erst einmal auf Montage bin, so bin ich doch in einer gewissen Beziehung ein freier Mensch. Da ahnte ich aber noch nicht, wie in der DDR die Überwachung bestimmter Personen vor sich geht.

Und ich war wohl eine solche Person. Durch den Besitz eines provisorischen Personalausweises (PM 12) war ich wohl doch eindeutig eine Person, der man nur mit großem Misstrauen begegnen sollte.

Trotz alledem: Diese Leute konnten mich nicht einschüchtern!

Ob ich Greiz überhaupt verlassen durfte, wusste ich nicht, da ich noch immer im Besitz des PM 12 war. Das interessierte mich aber nicht im Geringsten; ich würde es einfach darauf ankommen lassen.

Liebe ohne Glück

Noch musste ich auf eine Antwort aus Karl-Marx-Stadt warten. Da musste ja mit Sicherheit erst einmal meine Akte vom Rat des Kreises angefordert werden, um mich dementsprechend überprüfen zu können. Vielleicht war ich als ehemaliger Bundesbürger nicht vertrauenswürdig genug, in einer sozialistischen Gesellschaft überhaupt arbeiten und eventuell auch wohnen zu dürfen.

Eines Tages lernte ich Margot kennen. Sie war Weberin und hatte mich für eine kleine Reparatur an einem ihrer acht Webstühle angefordert.

In meiner mir eigenen Art und als 25-jähriger junger Mann fiel mir diese hübsche Frau natürlich sofort auf. Ich brauchte auch nicht lange herumzureden, um mit ihr bekannt zu werden.

Es dauerte nicht lange, bis mich Margot ihrer Mutter und ihren zwei Brüdern vorstellte. Diese vier erwachsenen Personen bewohnten in Greiz eine Zweizimmerwohnung in einem Hinterhaus. Auf Margots Wunsch gab ich mein schönes Zimmer in der Heinrich-Heine-Straße auf, sehr zum Kummer meiner lieben Wirtin.

Nun wohnte ich in der Wiesenstraße in Greiz und war dabei nicht besonders glücklich.

Ich hauste, so konnte es man nur bezeichnen, mit vier Personen in zwei Zimmern und einem Plumpsklo, irgendwo im Hinterhof, in der Wiesenstraße 10.

Margot gefiel mir vom ersten Tag an, als ich sie kennenlernte. Aber mit ihrer Familie konnte ich mich beim besten Willen einfach nicht anfreunden, und schon gar nicht mich in irgendeiner Art und Weise mit dieser identifizieren.

Als Margot schwanger wurde, veränderte sich ihr ganzes Wesen. Innerhalb einer sehr kurzen Zeit beschimpfte sie mich als einen Westdeutschen, der wohl eine zweifelhafte Vergangenheit hinter sich habe. Diese Beschimpfungen und viele andere, die ihrerseits noch dazukamen, brachten mich schier zur Verzweiflung.

Da konnte von einer großen Liebe nicht mehr die Rede sein. Böse und auch viele unanständige Worte musste ich über mich ergehen lassen.

Daraus ableitend beschloss ich nunmehr endgültig und unwiderruflich nicht einen Tag länger als notwendig in Greiz zu verbleiben.

In dieser Lage bekam ich einen positiven Bescheid auf meine Bewerbung von einem Montagebetrieb aus Karl-Marx-Stadt. Ich bekam die Zusage, eventuell als Gütekontrolleur in der Technischen Kontrollorganisation eines großen Unternehmens eingestellt zu werden. Es müssten jedoch erst die entsprechenden Unterlagen geprüft werden.

Ich war mir dessen bewusst, dass Margot zwar ein Kind haben wollte, aber einen Mann und Vater für die Zukunft wohl nicht akzeptierte. Es gab also genug Gründe, Margot, die Stadt Greiz und meine Arbeitsstelle, die Weberei, zu verlassen.

Berufliche »Wanderschaft« in der DDR

Inzwischen war seit meiner Entlassung aus dem Aufnahmelager Eisenach mehr als ein Jahr vergangen.

Ich konnte nun meinen PM-12-Ausweis in einen offiziellen Personalausweis für Bürger der DDR umtauschen.

Obwohl ich in Greiz eigentlich eine glückliche Kindheit in Erinnerung hatte, wurde mir nun diese Stadt zum jetzigen Zeitpunkt sehr verhasst. Ich, der ich einige Jahre im Westen unseres Landes gelebt, gearbeitet und einen Beruf erlernt hatte, befand mich plötzlich im tiefsten Kommunismus.

Dieser Kommunismus mit seinen sozialistischen Idealen und deren fanatischen Verfechtern sollte mich mein ganzes Leben lang begleiten und verfolgen.

Das war einfach nicht mehr mein Greiz, das ich als Kind lieben und schätzen gelernt hatte.

Doch mir wurde noch viel Geduld abverlangt, bevor ich meine neue Arbeit in Karl-Marx-Stadt aufnehmen konnte.

Als meine Kollegen in der Weberei davon Kenntnis erhielten, dass ich den Betrieb wechseln wollte, ließen sie mich dies durch Beschimpfungen und alle möglichen Schikanen spüren. So wurde ich sehr schnell als westdeutscher Verräter, Faulpelz und Schweinehund beschimpft. Ich bekam nur noch die Drecksarbeiten zugewiesen, die keiner aus der Schlosserei machen wollte.

Natürlich glaubte ich, stark genug zu sein, diese Schmähungen überstehen zu können. An einem Montag in der Frühstückspause – das Mobbing der Kollegen mir gegenüber war wieder einmal auf seinem Höhepunkt angekommen – versagte jedoch mein Kreislauf und ich erwachte erst wieder im Krankenhaus.

Ich war in einem Zimmer mit nur zwei Betten untergebracht worden. Aber nur ein Bett war belegt, nämlich durch mich.

Am nächsten Tag betrat ein Herr im weißen Kittel das Zimmer.

Er begrüßte mich freundlich und setzte sich auf den Rand meines Bettes. Nach ein paar höflichen Fragen bezüglich meines derzeitigen Zustandes und ob ich irgendwelche Wünsche hätte, kam der Herr Doktor zur Sache. Schon bei der ersten Frage, ob es mir denn in der DDR gefiele, wusste ich, wer an meinem Bett Platz genommen hatte.

Ich bin mir absolut sicher, wenn ich heute behaupte, dass dieser Mensch ein Angehöriger der Staatssicherheit der DDR war. Denn seine Fragen waren im Grunde genommen eine Wiederholung der Fragen, wie sie mir im Eisenacher Aufnahmelager in den Verhören bereits gestellt worden waren.

Nahm denn dieses Drama überhaupt kein Ende? Jetzt hatte ich gelernt, auf der Hut zu sein. Die Antworten, die ich in Eisenach gab, konnte ich mir beim besten Willen nicht leisten. Zu groß war die Gefahr einer Inhaftierung durch die Organe der Staatsmacht der DDR.

Daher erklärte ich dem Herrn ebenfalls höflich, dass mein jetziger Zustand einzig und allein auf das Verhalten einzelner Mitbürger in der Stadt und bösartiger Kollegen im Betrieb zurückzuführen sei. Ich brachte weiter zum Ausdruck, dass ich seelisch, moralisch und dadurch gesundheitlich völlig am Ende sei.

Wer weiß, was aus mir geworden wäre, hätte ich auf die Fragen dieses Herrn die gleiche Antwort gegeben wie ich dies in den Eisenacher Verhören getan hatte.

Nach meiner Entlassung aus dem Kreiskrankenhaus Greiz musste ich noch eine kurze Zeit in der Weberei arbeiten. Dabei hatte ich den Eindruck, dass ich den Kollegen entweder gleichgültig geworden war oder sie hatten eine entsprechende Anweisung über ihre weiteren Verhaltensweisen mir gegenüber erhalten.

Mir konnte es recht sein.

Dann kam endlich der lang ersehnte Brief aus Karl-Marx-Stadt. Ab sofort konnte ich meine neue Tätigkeit als Gütekontrolleur antreten.

Kündigen im Betrieb, Koffer packen, restlichen Urlaub nehmen und in den Zug in Richtung meiner neuen Arbeitsstelle fahren, das war für mich eine einmalige Chance.

Eigentlich begann mit meinem Umzug nach Karl-Marx-Stadt in gewisser Hinsicht ein Zigeunerleben. Ich war keineswegs sattelfest. Sich an die neue Arbeitsstelle zu gewöhnen, war vielleicht nicht so sehr problematisch, aber privaten Kontakt zu schaffen, da brauchte man schon viel Geduld und auch das nötige Maß an Beharrlichkeit.

Demzufolge verbrachte ich nach dem Feierabend meine Freizeit immer öfter in irgendwelchen Kneipen oder auch Spelunken. Natürlich konnte mich dieses Leben auf diese Art und Weise keinesfalls befriedigen.

Da ich nun besser verdiente als in Greiz, konnte ich mir auch etwas mehr leisten. Ich kaufte mir entsprechende Kleidung, modebewusster für die damalige Zeit, und allmählich wurde aus mir ein gut gekleideter, schicker junger Mann. Das wiederum hatte zur Folge, dass ich auch von den jungen Damen in der Stadt wohlwollend beachtet wurde. So kam denn auch, was kommen sollte.

Ich lernte Gerlinde kennen!

An diesem Abend ging ich mit einem Arbeitskollegen in die Stadt zum Tanzen. Als wir schon eine Weile unsere Zeit mit dieser Tätigkeit verbracht hatten, hatten wir eigentlich keine Lust mehr, diesen Abend so weiter zu verbringen. Es wollte auch einfach keine Stimmung in diesem für Karl-Marx-Stadt sehr schönen Hotelrestaurant mit Tanzfläche aufkommen. Gerade als wir beschlossen zu gehen – es war noch nicht ganz ausgesprochen –, betrat eine Dame, elegant gekleidet, das Tanzrestaurant.

Was da eben zur Tür hereinkam, war ein Teil meines Lebens. Das wusste ich in diesem Augenblick selbstverständlich noch nicht. In diesem Augenblick vergaß ich aber meinen mit am Tisch sitzenden Arbeitskollegen; ich vergaß einfach alles um mich herum.

Mein Herz schlug wie wild und ich konnte meine Gedanken kaum ordnen. Was ist, wenn gleich die Band wieder aufspielt, ich aber mit ihr tanzen möchte, und was sage ich ihr dann alles? Wie kann man eine solche Dame überhaupt unterhalten?

Egal, ich nahm all meinen Mut zusammen und mit den ersten

Klängen einer einschmeichelnden Melodie beeilte ich mich sehr, um sie als Erster zum Tanz zu bitten.

Nach diesem Tanz waren wir wahrscheinlich nur noch ganz allein im Restaurant, obwohl dieses bis auf den letzten Platz ausgebucht war.

Ich freute mich schon sehr auf ein baldiges Wiedersehen mit diesem Mädchen und ich glaube, ihr ging es auch nicht anders.

Ich bin mir sicher, dass kaum ein Mensch gerne und freiwillig in ein Krankenhaus geht. Es sei denn, er hat wie ich eine Freundin, die Krankenschwester ist und obendrein auch noch im Krankenhaus wohnt. In einem großzügig ausgebauten Dachgeschoss befand sich der Schwesternboden, in dem Gerlinde ein schönes Zimmer gemietet hatte.

Krankenschwestern arbeiten oft in Schichten. So auch Gerlinde. Die beste Gelegenheit, um in ihr Zimmer zu gelangen, bestand am späten Abend. Da war es egal, welchen Dienst sie gerade hatte.

Das Problem bestand nur darin, wie man es am besten fertigbrachte, ungesehen am Pförtner vorbei in das Krankenhausgelände hineinzukommen. Hatte man das geschafft, ging es unter anderem auch mal über den Weg zur Pathologie, die sich im Keller des Hauses befand, in dem auch der Schwesternboden eingerichtet war.

Dieses allein war mir jedes Abenteuer wert, der Liebe tat dies keinen Abbruch. Ganz im Gegenteil, denn verbotene Dinge zu machen und entsprechenden Erfolg zu haben, das stärkt, so wie in diesem Fall, auch ein wenig das Selbstbewusstsein.

Mittlerweile lernte ich die Schleichwege innerhalb des Krankenhauses kennen, wodurch ich dann immer öfter mit Gerlinde zusammen sein konnte.

Eines Tages sollte ich mich jedoch kurzfristig in der Kaderabteilung meines Betriebes melden. Nichts ahnend, aber mit einem flauen Gefühl in der Magengegend betrat ich das Büro der Kaderleitung.

Der Kaderleiter sagte: »Kollege Roth, in der Deutschen Demokratischen Republik ist es üblich, dass sich die Volkseigenen Betriebe in sozialistischer Hilfe gegenseitig beim weiteren Aufbau des Sozialismus unterstützen. Sie werden hiermit vorübergehend in einen anderen VEB delegiert. Da Sie die Schweißtechnik beherrschen, haben wir natürlich an Sie gedacht.«

Da dieser Betrieb seinen Standort in der gleichen Stadt hatte, konnte es mir egal sein, wo ich meine Arbeit machte. Hauptsache ich konnte nach Feierabend zu meinem Mädchen.

Nun ging ich also vorübergehend in einen kleinen Betrieb schweißen, was das Zeugs hielt. Die hatten sogar westdeutsche Elektroden, weshalb es mir auch gelang, gute und fehlerfreie Schweißnähte zu produzieren.

Schon bald bemerkte ich jedoch, dass ich auch hier wieder von so einem Kritikerkollegen angepöbelt wurde, wie mir das bereits schon in der Greizer Weberei passiert war. Woher wusste dieser Kerl, dass ich ein Westdeutscher war? Jedenfalls sprach er mich so an. Sobald er mich erblickte, motzte er mich voll, und zwar nach allen Regeln der Kunst. Arbeitsmäßig konnte er mir nicht das Geringste ans Zeug flicken. Vielmehr versuchte dieser Typ, mich in irgendwelche politischen Gespräche zu verwickeln, was ihm aber nicht gelang.

Ich hatte im Eisenacher Lager und in Greiz diesbezüglich viel gelernt!

Dennoch, die Sticheleien nahmen kein Ende und ich war nahe daran, die Arbeit hinzuschmeißen. In dieser Situation lud mich plötzlich ein anderer, sehr freundlicher Kollege ein, mit ihm doch mal auf ein Glas Bier in die Kneipe mitzugehen. Aber jetzt war ich erst recht vorsichtig. Das sah mir alles nach einem abgekarteten Spiel aus. Diesmal ließ ich es jedoch darauf ankommen. Ich wollte in Erfahrung bringen, ob es vielleicht einen Zusammenhang zwischen den beiden letztgenannten Figuren gab. Und siehe da! Jetzt bei einem Bier und Goldbrand lockerte sich die Zunge im Kneipengespräch etwas, und mein Gastgeber stellte mir merkwürdige Fragen, die mir allerdings, wie schon so oft, ausreichend bekannt vorkamen.

Nun, dieser Kneipenabend wurde durch mich sehr schnell abgebrochen. Ich begründete es damit, dass ich noch einmal zu meiner Freundin wolle.

Von nun an war mir klar, dass meine Person durch die sogenannten »informellen Mitarbeiter« der Staatssicherheit (im Folgenden IM) auf jede nur erdenkliche Art und Weise ausgehorcht und überwacht wurde. Jetzt hieß es besonders vorsichtig zu sein.

Wem konnte man überhaupt noch trauen?

Mir wurde immer häufiger bewusst, dass ich auf dem Grenzbahnhof Wartha meiner persönlichen Freiheit durch die DDR-Organe beraubt worden war. Ich fühlte mich auf Schritt und Tritt beobachtet und verfolgt.

Unruhe und Angst befielen mich, Magenschmerzen in immer größerem Ausmaß kamen dazu. Da konnte ich noch von Glück reden, dass Gerdi Krankenschwester war, so half sie mir mit richtiger Pflege, und sie wusste mittlerweile auch, wie sie mir die entsprechende Medizin aus der Apotheke besorgen konnte, um mich wieder auf die Beine zu bringen.

In die Kneipe zu gehen, davon hatte ich genug. Am wohlsten fühlte ich mich in Gerlindes Zimmer auf dem Schwesternboden. Mit den Pförtnern des Krankenhauses kam ich gut aus. Ich brauchte mich nicht mehr heimlich in Gerlindes Arbeitsstelle zu schleichen. So verbrachte ich nun die meiste freie Zeit mit ihr in ihrem kleinen Zuhause.

Die Abende wurden immer romantischer, einen Fernseher besaßen wir ja zum Glück nicht und bei schönen Melodien aus dem Kofferradio und einem Glasl ungarischem Rotwein konnte man sich auch gut unterhalten. Wir hatten eigentlich immer genügend Gesprächsstoff, sei es über die Arbeit, das Wetter oder sonstige Themen. Nur über Politik vermieden wir beide zu sprechen.

Eines Abends flüsterte mir Gerlinde etwas ins Ohr, worauf mir glühend heiß wurde. Ich konnte es kaum fassen. Wir wurden Eltern, ich wurde Vater! Das war ein großer Augenblick in meinem Leben und bis zu diesem Zeitpunkt wahrlich auch der glücklichste Moment.

An diesem Abend konnten wir bis zum frühen Morgen keinen Schlaf mehr finden. Aber den brauchten wir auch nicht!

Wie sollte es jetzt jedoch weitergehen mit uns? Es waren noch neun

Monate, bis unser Kind geboren würde, und wir lebten nur in einem kleinen Zimmer.

Also machten wir uns auf die Socken, um eine entsprechende Wohnung ausfindig zu machen. Zuerst gingen wir zur Wohnraumlenkung, so nannte man das Wohnungsamt in der DDR. Wenngleich diese Einrichtung staatlich gelenkt wurde, eine vernünftige Wohnung hatten die auch nicht. In Karl-Marx-Stadt wurde in dieser Zeit zwar schon intensiv gebaut, aber die Wohnungsnot war trotzdem immer noch sehr groß. Einmal hätten wir beinahe eine noch gut erhaltene Wohnung im Norden der Stadt bekommen, doch da war wieder der Mietpreis für unsere Verhältnisse einfach zu hoch.

Und während unser Kind unter dem Herzen seiner Mutter kräftig heranwuchs, erfuhren wir zufällig durch die sozialistische Presse – in Form des »Neuen Deutschlands«, der größten Tageszeitung der DDR – von einer großen sozialistischen Errungenschaft.

Man errichtete nördlich von Berlin, in Eberswalde, ein neues Walzwerk im Großformat; man brauchte jede Menge Arbeitskräfte aller Art und es wurden Wohnungen geboten. Das war ein sehr schönes Signal für uns beide. Gerdi und ich waren uns kurz entschlossen einig, dass ich mich sofort in der dortigen Kaderabteilung des Walzwerkes um eine Anstellung bewerbe. Sehr schnell erhielt ich einen positiven Bescheid und musste mich unverzüglich zu einem Kadergespräch im Walzwerk Finow bei Eberswalde einfinden.

Am Ende dieses Gespräches hatte ich die Zusage für eine Einstellung als Gütekontrolleur. Das Erfreulichste aber war, dass ich eine verbindliche Zusage für eine Zweizimmerwohnung mit Fernheizung, einem Bad und einer eingebauten Küche erhielt.

Das war schon ein großes Ereignis in meinem Leben. Noch nie hatte ich eine eigene Wohnung besessen.

Bevor Gerlinde und ich aber nach Eberswalde zogen, gingen wir den Bund der Ehe standesamtlich und kirchlich in Karl-Marx-Stadt ein.

Danach ging alles sehr schnell. Ich begann mit meiner neuen Arbeit im VEB Walzwerk Finow. Ein kleines Zimmer bekam ich bis zur Fertigstellung der Wohnung vom Betrieb kostenlos zur Verfügung gestellt.

Das aber hatte ich nun auch wieder nicht so erwartet. Deshalb verhielt ich mich zunächst sehr vorsichtig im Umgang mit den Kollegen. Immerhin war ich in ein sozialistisches Kollektiv geraten, das sich schon mit mehrfachen staatlichen Auszeichnungen rühmen konnte. Aber ich merkte sehr schnell, dass ich mich gut in das Kollektiv einfügte, und so machte mir die Arbeit dann auch richtig Freude. Doch trotz alledem fehlte mir mein Frauchen, das in Gedanken, bald unsere Wohnung in Eberswalde beziehen zu können, auf gepackten Koffern saß.

Und dann kam der große Tag! Ich nahm Urlaub und wir zogen von Karl-Marx-Stadt nach Eberswalde. Auch wenn es nur eine kleine Zweizimmerwohnung war, so waren wir dennoch sehr glücklich darüber. Jetzt konnte auch ich persönlich das erste Mal in der DDR mein Leben, natürlich an der Seite einer lieben Ehefrau, so gestalten, wie ich mir das wünschte. Als dann noch unser Sohn René geboren wurde, war das Glück perfekt. Es dauerte denn auch nicht lange, als mir meine jung anvertraute Ehefrau mal wieder etwas ins Ohr flüsterte. Doch dieses Mal nahm ich es ziemlich ruhig auf, denn irgendwie hatte ich schon damit gerechnet, ein zweites Mal Vater zu werden. So erblickte unser Sohn Rico, im Abstand von einem Jahr und vier Monaten zu unserem Erstgeborenen, das Licht der Welt.

Wir waren alle gesund und munter, die Familie war intakt und mit der Arbeit war auch alles in Butter. Seit Ewigkeiten war ich endlich wieder glücklich.

Doch, wie so oft, sollte sich auch hier das Blatt zu meinem Unglück wenden.

Es fing alles an, als ich zur Musterung im Wehrkreisamt aufgefordert wurde, um als Soldat in der Nationalen Volksarmee (NVA) der DDR zu dienen.

Welch eine Ironie des Schicksals! Soweit ich mich noch erinnern

Wehrpaß
AF 00488705

konnte, hatte ich vor noch nicht allzu langer Zeit vor der Einberufung zur Bundeswehr gestanden. Dessen wurde ich mir erst jetzt wieder bewusst. Selbst im Eisenacher Aufnahmelager hatte ich nicht einmal daran gedacht; sonst hätte ich es in den dortigen Verhören garantiert mit zum Ausdruck gebracht. Vielleicht wäre dies eine Chance gewesen, um gar nicht erst ein Bürger der DDR zu werden.

Darüber brauchte ich mir aber zum Zeitpunkt meiner Einberufung zur NVA nun auch nicht mehr den Kopf zu zerbrechen. Schließlich hatte ich ja eine Familie, eine gute Anstellung im Betrieb und eine inzwischen recht manierlich eingerichtete Wohnung, auch wenn noch das eine oder andere Möbelstück und viele Haushaltsgeräte fehlten. Auf diese Art und Weise konnte man sich langsam, aber sicher an die Verhältnisse in der DDR gewöhnen.

Also konnte ich getrost auch ruhig einmal Soldat für dieses Land sein, aber gegen wen sollte ich es eigentlich verteidigen? Wer war denn nun wirklich der »Klassenfeind«?

Im einmal wöchentlichen Politunterricht in der Kompanie wurde uns Genossen Soldaten vom Genossen Politoffizier immer wieder gelehrt, der Klassenfeind befände sich jenseits der Grenze der DDR. Sagen Sie das mal einem wie mir! Ich habe beim Klassenfeind meinen Beruf erlernt, gelebt und geliebt, beinahe wäre ich auch noch Soldat der Bundeswehr geworden. Und jetzt sollte ich diesen Blödsinn auch noch glauben!

Im Übrigen konnte ich mich des Eindruckes nicht erwehren, dass in meiner Kompanie kaum einer glaubte, was der politische Offizier so von sich gab. Der war eben von seiner Ideologie sehr überzeugt, doch damit hatte er bei uns Soldaten keinen großen Erfolg.

Aber richtig widersprochen hat da auch keiner. Wahrscheinlich dachten die Soldaten mehr an ihre Familien oder eben an all die Dinge, die jedem Einzelnen mehr am Herzen lagen als dieser politische Unsinn.

Nach den ersten sechs Wochen der Grundausbildung bekam ich für drei Tage Urlaub. Selbstverständlich fuhr ich zu meiner Familie nach Eberswalde. Ich freute mich auf meine Ehefrau und auf meine beiden Söhne René und Rico.

Diese drei Tage Urlaub vergingen wie im Fluge. Wieder in der Kaserne angekommen, befiel mich ein unruhiges Gefühl, da Gerlinde und ich uns ein wenig entfremdet hatten. So empfand ich es jedenfalls.

Doch der Dienst in der Kaserne nahm mich stark in Anspruch, sodass ich keine Zeit fand, um mir im Moment weitere Gedanken darüber zu machen.

Ich war Gefechtsfotograf und mir wurde auch die Leitung des Fotolabors im Regimentsstab übertragen. Dafür brauchte ich mich grundsätzlich nicht am weiteren Soldatenleben zu beteiligen – und zwar hinsichtlich der Alarmübungen, ganz gleich, in welcher Größenordnung sie auch durchgeführt wurden. Nur einmal musste ich dann doch an einer Schießübung teilnehmen. Das war das einzige Mal, dass ich ein MG der russischen Marke Kalaschnikow in der Hand hatte. Eine weitere Ironie des Schicksals war, dass ich bei meiner Gefangennahme am Grenzübergang Wartha mit eben diesen Maschinengewehren aus dem Zug geholt worden war. Das ist schon sehr merkwürdig, was einem im Leben so alles widerfährt.

Kurz vor Weihnachten konnte unsere Reservistenkompanie wieder nach Hause entlassen werden. War das überhaupt noch mein Zuhause?

Obwohl die Armeezeit relativ kurz war, hatte sich in mir das Gefühl einer Entfremdung zu meiner Frau verstärkt. Meiner Frau erging es auch nicht anders. Wir hatten aber zwei kleine Kinder, die ihre Eltern brauchten. Also sprachen wir uns aus und rissen uns auch dementsprechend zusammen, zunächst einmal unserer Kinder zuliebe.

Das ging denn auch eine ganze Weile gut, und zwar so lange, bis wir uns eines Tages im Kreisgericht Eberswalde zu einem Versöhnungstermin einfinden mussten. Da ging es mit uns beiden noch einmal gut. Für das Ergebnis aus dieser Verhandlung erhielten wir doch tatsächlich vom Gericht die bereits angefallenen Prozessgebühren zurückerstattet.

So vergingen die nächsten Monate in einer scheinbar intakten Ehe, doch der einmal entstandene Riss war nicht mehr zu kitten.

Zu allem Unglück erhielt ich ein Telegramm aus Castrop-Rauxel. Mein Bruder Hans teilte mir das plötzliche Ableben meiner geliebten Mutter mit.

Meine Kollegen im Walzwerk trauerten mit mir. Da gab es viele gut gemeinte Ratschläge, unter anderem wie ich mich am besten verhalten sollte, um zur Beerdigung nach Castrop-Rauxel fahren zu können. Und genau so, wie mein Kollektiv dachte, so waren auch meine Gedanken: »Was sollten die Behörden schon dagegen haben, wenn ich zur Trauerfeier an das Grab meiner Mutter fahre, um ihr meinen letzten Gruß zu entbieten?«

Genau so dachte ich!

Ich wurde also im VP-Kreisamt Eberswalde, Abteilung »Pass- und Meldewesen«, vorstellig, um mein Anliegen vorzutragen, besser gesagt, ich stellte einen Antrag auf eine zweitägige Besuchsreise in die BRD. Ferner versicherte ich, nach Beendigung der Trauerfeier für meine Mutter sofort die Rückreise in die DDR anzutreten.

Mein Antrag wurde trotzdem abgelehnt!

Das war für mich eine schallende Ohrfeige, die ich da erhielt. Aber damit nicht genug.

Man sagte mir, ich solle doch stattdessen einen Kranz hier in Eberswalde kaufen, diesen in einen großen Karton legen und entsprechende Gucklöcher in die Pappe schneiden, damit der Zoll der DDR auch sehen würde, was dieses Paket beinhalte. »Wenn Sie dieses Paket noch heute zur Post bringen und an Ihren Bruder schicken, kommt es vielleicht noch pünktlich zur Beerdigung an«, waren die Worte, die mich unendlich schmerzten.

So war das und nicht anders.

Ich habe meinen Bruder viele Jahre nicht mehr gesehen. Ich nehme an, er hat es mir nachgetragen, dass ich nicht auf Mutters Beerdigung erschien. Wenn er diese Zeilen liest, wird er mich diesbezüglich vielleicht verstehen.

Mit der Zeit wurde mir nicht nur meine Ehe gleichgültig, nein, die ganze Stadt bedeutete mir nichts mehr. Es dauerte auch nicht lange, bis ich mich erneut mit meiner Noch-Ehefrau vor der Familienkammer des Gerichtes herumstritt. Diesmal allerdings mit dem Ergebnis, dass wir vom Gericht nicht mehr die Prozesskosten erstattet bekamen. Das heißt im Klartext: Wir wurden geschieden!

Ab diesem Tag war ich fest entschlossen – komme, was wolle –, dass ich nie, nie wieder heiraten würde. Ich war äußerst verunsichert und hatte sehr viel Selbstvertrauen verloren. Am schwersten litt ich unter den Schuldgefühlen, die ich gegenüber meinen Söhnen René und Rico empfand. Beide Söhne waren durch die folgenschwere Entscheidung ihrer Eltern (die vielleicht wohl doch sehr unvernünftig waren) gleichermaßen die Leidtragenden.

Die Familienkammer des Gerichtes entschied, dass beide Jungen ihrer Mutter zugesprochen wurden. Ich wurde zur Zahlung des Unterhaltes verpflichtet. Diese Entscheidung war korrekt; wir Eltern hätten es ohnehin niemals fertiggebracht, unsere Kinder zu trennen.

Wenige Wochen nach diesem Drama verließ ich Eberswalde. Ich ging auf Montage und war bestrebt, mir ein neues Leben aufzubauen.

Berufliche Entwicklung in der DDR

Über viele Ereignisse in der DDR konnte man sich schon aufregen. Es wäre aber nicht fair, wenn ich nun nur auf den kommunistischen Staat schimpfen oder über ihn meckern würde – so wie es ja in tiefster DDR-Zeit, in fast allen Schichten der Bevölkerung, so üblich war.

So erhielt ich zum Beispiel die Möglichkeit, meine mir noch fehlenden Kenntnisse der neunten und zehnten Klasse nachzuholen. Dazu besuchte ich die Kreisvolksschule in der Zeit, in der ich noch in Eberswalde wohnte. Die Ausbildungszeit betrug ein Jahr im Abendstudium. Im Anschluss daran ging ich nochmals ein Jahr zur Abendschule, um mich für ein Studium zum Ingenieur vorzubereiten.

Mir machte das Lernen viel Spaß, im Gegensatz zu früheren Zeiten, als meine Faulheit in der Grundschule zu Greiz keine Grenzen fand. Jetzt galt es nachzuholen, was nur immer möglich war.

Ich dachte, wenn man dir schon die Möglichkeit einräumt, durch Schulbildung und vielleicht eine weitere Qualifizierung Versäumtes nachzuholen beziehungsweise aufzuholen, dann musst du einfach alles mitnehmen, was dir geboten wird.

Ich kannte kein Land, in dem man sich so leicht, so schnell, so bequem und auch noch obendrein kostenlos weiterbilden konnte.

Nachdem ich die ersten Stufen zu meiner weiteren Qualifizierung erklommen hatte, bewarb ich mich für das nachfolgende Studium an einer Berliner Fachschule.

Jetzt hatte ich das höchste Ziel meiner Ausbildung erreicht. Nie hätte ich in meiner Jugend daran geglaubt, einmal in meinem Leben zu studieren.

Dazu hatte ich nach meiner Lehre zum Bergmann absolut keinerlei Chancen. Darüber hinaus hätte ich mich damals für eine so grandiose Leistung auch nicht für fähig genug gehalten. Außerdem war ich mittellos gewesen. Wie hätte ich da wohl ein Studium an irgendeiner Fachschule oder etwa an einer Universität absolvieren sollen?

Es gab zwar Momente in meinem Leben, in denen ich von einem Heidelberger Studium träumte, aber ich glaube, die Ursache für diese Träumerei war wohl eher in der Lektüre der »Feuerzangenbowle« von Heinrich Spoerl zu finden. Ein Buch, das ich mit Leidenschaft immer wieder sehr gerne las.

Ich bewarb mich also für das Studium zum Ingenieur, bestand die Aufnahmeprüfung und erhielt zu meiner Freude kurze Zeit später meine Immatrikulierung.

Somit begann ich also mit dem Studium zum Maschinenbauingenieur. Fünf harte und sehr schwere Jahre des Lernens lagen vor mir.

Es war ein Fernstudium, delegiert von meinem Volkseigenen Betrieb!

Ach ja, das hätte ich beinahe vergessen: Mein Betrieb war Teilbetrieb eines großen Kombinates auf dem Gebiet des Kraftwerkanlagenbaues – konventionelle Kraftwerkstechnik – mit Stammsitz in der Hauptstadt der DDR, in Berlin. Also ein großes Unternehmen der DDR-Wirtschaft, das es sich durchaus leisten konnte, für einige Kollegen das teure Ingenieurstudium in Form der betrieblichen Delegierung bezahlen zu können.

Die Qualifikation in der DDR bestand in meinem Falle nicht nur aus dem Schulbesuch einmal wöchentlich, vielmehr hing ein ganzer Rattenschwanz an persönlichen Freizeitentbehrungen daran. Auch vielerlei Verpflichtungen gegenüber der Gesellschaft wurden mir als Gegenleistung abverlangt. Man konnte nicht einfach nur nehmen, man musste auch geben. So erwarteten die Kolleginnen und Kollegen im Betrieb von einem Studierenden, dass dieser sich selbstverständlich und kämpferisch das Ziel setzte, die erfolgreiche Beendigung seines Studiums unbedingt zu schaffen. Ferner musste sich jeder Studierende auch im Klaren darüber sein, dass die anfallenden Ausfalltage im Betrieb – zu Lasten der aller – von diesen dann auch mit erarbeitet werden mussten. Direkte gesellschaftliche Arbeit konnte ich erst zu einem späteren Zeitpunkt in Angriff nehmen.

Noch während meiner Studienzeit erhielt ich eine Planstelle als Kontrollingenieur in der Technischen Kontrollorganisation (TKO) auf einer Großbaustelle. Dort wurde ein Braunkohlenkraftwerk errichtet. So war es dann auch nicht verwunderlich, dass ich am Ende meines Studiums als Thema der Ingenieurabschlussarbeit eine Kontrolltechnologie für die Bekohlungs- und Entaschungsanlagen zu erarbeiten hatte.

Für die Erstellung dieser Dokumentation wurde mir eine betriebliche Freistellung von sechs Wochen gewährt. Einen Monat später konnte ich meine Ingenieurarbeit mit gutem Erfolg verteidigen.

Jetzt begann eine Zeit für mich, in der ich mir sehr schnell eine berufliche Karriere aufbauen wollte. Dazu gehörten ständige Weiterbildungsmaßnahmen wie Lehrgänge und sonstige Schulungen. Das alles hatte nicht nur den Sinn, einen guten Ingenieur aus mir zu machen; vielmehr spielte auch die finanzielle Entwicklung für mich eine große Rolle. Um jedoch in die mittlere Leitungsebene zu gelangen, nahm ich auch, wenn es nicht anders ging, einen Baustellenwechsel innerhalb des Kombinates in Kauf. Auf diese Weise schaffte ich es, eines Tages als Leiter der TKO auf einer Baustelle im Erzgebirge eingesetzt zu werden.

Weil ich aber mit der Technologie eines Pumpspeicherwerkes – denn ein solches sollte hier auf dieser Baustelle erbaut werden – noch nicht genügend fachliche Erfahrung besaß, wurde mir von meiner obersten Leitung in Berlin noch ein Ingenieur zur Unterstützung zugewiesen. An diesen Kollegen sollte ich mich jederzeit mit eventuellen fachlichen Problemen wenden. Es war klar, dass ich dem Kollegen persönlich einen Schreibtisch in meinem Büro zur Verfügung stellte.

Leider hatte ich keinerlei Ahnung, was für ein Kuckucksei mein Berliner Chef mir da ins Nest legte. Hätte ich jemals geahnt, dass mir dieser Kollege zum Verhängnis werden würde, wäre ich diesem Herrn sehr distanziert begegnet. Doch zum Glück bemerkte ich schon nach kurzer Zeit, was für einen Menschen mein großer Chef mir da in meinen Arbeitsbereich eingeschmuggelt hatte.

Da saß doch tatsächlich einer von der Firma Horch und Guck, also ein IM, am Schreibtisch – und auch noch mir gegenüber. Eigentlich war mir dieser Mann – seit dem ersten Tag meiner Begegnung mit ihm – nicht einmal unsympathisch. Sein korrektes und höfliches Auftreten war mir und auch allen Kollegen meiner Abteilung sehr schnell aufgefallen. Mit einem solchen Kollegen sprach man auch mal recht gern über private Angelegenheiten und vieles andere mehr. Ich konnte mich aber absolut nicht mehr an all den Gesprächsstoff erinnern, den ich in den letzten Tagen und Wochen schon mit diesem ominösen Herrn gehabt hatte. Er aber schien darauf trainiert zu sein, sich alles, was ich ihm anvertraute, gut zu merken.

Mir fiel nur immer wieder auf, dass Manfred fachlichen Beratungen oder Diskussionen ständig aus dem Wege ging. Stattdessen schrieb er seitenlange Berichte, angeblich Arbeitsberichte, an seine Berliner Leitung. Woher aber bekam er die entsprechenden Informationen? Als ich ihn einmal zur Rede stellte und wissen wollte, was er denn da alles aufs Papier schreibt, wich er einer konkreten Antwort aus. Also kam ich zu dem Schluss, dass der angebliche Fachkollege bezüglich meiner Arbeitsaufgaben nicht den blassen Schimmer einer Ahnung hatte.

Durch meine bisherigen Erfahrungen wurde mir immer mehr bewusst, in welch einer fatalen Lage ich mich da wieder einmal befand. Ich war mir ganz sicher, dass sehr bald noch etwas Unangenehmes auf mich zukommen würde.

Es dauerte dann auch nicht lange, als eines Tages der IM Manfred, gemeinsam mit einer Kollegin aus meiner Abteilung, an einem frühen Morgen in mein Büro kam, um ein Gespräch mit mir zu führen.

Ich staunte auch nicht schlecht, als die zwei sich sehr vertraulich mit ihren Vornamen anredeten.

Er: »Du hast doch vorige Woche in der Dienstberatung Kritik an unserer Regierung geübt.«

Ich: »Nein, daran kann ich mich nicht erinnern.«

Sie: »Hast du aber wirklich.«

Ich: »Ich glaube, da hast du wohl etwas nicht richtig verstanden. Auch Zuhören will gelernt sein und ich lasse mir von dir nichts unterstellen.«

Er: »Deine Äußerungen, dass du dich in der DDR eingesperrt fühlst – willst du dies etwa auch abstreiten?«

Ich: »Jetzt reicht es mir aber! Wenn ihr glaubt, dass ich mich provozieren lasse, damit ihr mir daraus einen Strick drehen könnt, so muss ich euch sagen, dass ich mich gegen solche Anschuldigungen schon oft genug zu wehren wusste. Und jetzt verschwindet sofort aus meinem Büro. Und zwar für immer.«

Jetzt wurde es gefährlich, denn er sprach mich plötzlich in der Höflichkeitsform an.

Seit diesem sehr unangenehmen Ereignis gehen mir die letzten Worte dieses Mitbürgers nicht mehr aus dem Kopf.

Er wieder: »Sie haben sich ja auch in einer internen Unterhaltung gegenüber einem Ihrer Kollegen geäußert, dass Sie am liebsten die DDR verlassen würden, um wieder nach Westdeutschland zu gelangen. Seien Sie vorsichtig, wir haben ganz andere Möglichkeiten, Ihnen Manieren beizubringen. Ich kann mir nicht vorstellen, dass Sie vielleicht die berühmte Bautzener Haftanstalt kennenlernen wollen.«

Damit war natürlich das im Volksmund bekannte »Gelbe Elend« gemeint.

Jetzt hatte er mich voll erwischt. »Alles abstreiten«, dachte ich mir, »hat jetzt keinen Sinn mehr.« An diesem Tag war mit mir nicht mehr viel anzufangen. Ich zog mich daher in meine Wohnunterkunft zurück und ließ mich an diesem Tag nicht mehr blicken. Ich hatte den Kanal von diesem Staat endgültig voll.

Die ständige Verfolgung und Bespitzelung durch die Organe machten mich an Leib und Seele krank.

Da war sie wieder, diese DDR, die ich abgrundtief hasste: Zuckerbrot und Peitsche – immer und immer wieder.

Lange überlegte ich mir, ob ich überhaupt noch in der Firma bleiben sollte. Aus meiner bisherigen Erfahrung wusste ich nun, dass sich Zwischenfälle dieser Art mit Sicherheit wiederholen würden. Da konnte man nie wissen, ob man nicht doch noch eines schönen Tages gesiebte Luft in Bautzen einatmen müsste.

Doch wie der Zufall es manchmal will, erledigte sich dieses Problem eines Tages von selbst. Ich hatte dienstlich in Dresden zu tun. Am anderen Tag wollte ich früh mit dem ersten Zug von Dresden nach Bitterfeld fahren, um dort auf einer Baustelle des Betriebes einen Vortrag über Qualitätsprobleme zu halten.

Als ich mir eine Fahrkarte im Hauptbahnhof Dresden kaufen wollte und ich mich in der Warteschlange am Schalter einreihen musste, vertrieb ich mir die Zeit damit, ein wenig in der Wochenpost zu blättern (eine sehr beliebte Zeitung, die einmal wöchentlich erschien und deshalb immer schnell vergriffen war). Dadurch verging die Wartezeit etwas schneller. Endlich war ich bis zum Schalterfenster der Fahrkartenausgabe vorgerückt.

Ich hielt einen Zwanzigmarkschein bereit, um meine Fahrkarte zu bezahlen. Kaum dass ich mein Reiseziel angesagt hatte, lagen Fahrkarte und Wechselgeld schon im Drehteller des Schalters. Diese unglaubliche Geschwindigkeit, mit der ich bedient wurde, brachte mich dazu, mir die Dame hinter dem Schalterfenster etwas näher anzusehen.

Gut, dass ich diesen wunderbaren Einfall hatte!

Es trafen sich vier Augen, aus denen sehnsuchtsvolle Blicke alles andere nur erahnen ließen, was dieses schöne Geschöpf am Fahrkartendrucker und meine Person wohl in naher, aber auch in späterer Zukunft zu erwarten hatten. Heute, nach vielen Jahren, glaube ich, als ich mich in der Reihe der Wartenden nach einer Fahrkarte befand, dass ich doch in Wirklichkeit, in einer Warteschleife für die ganz große Liebe gestanden habe. Das ahnte ich aber in diesem Augenblick noch nicht. Jetzt hatte ich Sorgen ganz anderer Art. Wie schaffe ich es nur, dieses Mädchen aus der Fahrkartenausgabe herauszubekommen? Da hatte ich eine Idee.

Ich stellte mich wieder ans Ende der Reiselustigen und bohrte mit dem Zeigefinger ein großes Loch in meine beidseitig aufgeschlagene Zeitung. Nun konnte ich in aller Ruhe das hübsche Mädchen hinter ihrer Glaswand beobachten. Das ging auch eine ganze Weile so, dachte ich doch, ich sei der perfekte Detektiv. Auf einmal stand ein Schild hinter dem Glas: Schalter geschlossen. Als sich dann die Warteschlange aufgelöst hatte und ich schon voller Verzweiflung das Weite suchen wollte – ich hatte ohnehin schon den ersten Zug nach Bitterfeld verpasst –, ging die Tür zum Schalterraum auf.

Dann sah ich SIE in Lebensgröße, mit langem, schwarzem Haar, an den Seiten steckten zwei Haarspangen aus Perlmutt, und ich dachte wirklich, ich schwebe auf Wolke sieben. Ich hatte mich auf der Stelle und stehenden Fußes unsterblich in dieses schöne Mädchen verliebt, dabei hatte ich noch nicht einmal ein Wort mit ihm gewechselt. Vielleicht würden mir jetzt Worte einer Annäherung gelingen. Sie ging nämlich schnurstracks ins Bahnrestaurant und ich in gebührendem Abstand hinterher.

Jetzt kam es darauf an. »Jetzt oder nie!«, sagte ich mir. Sie saß mutterseelenallein an einem Tisch und hatte vor sich eine Tasse Kaffee. Es war ein Tisch mit acht Stühlen. Wie immer hatte ich meine Probleme, wenn es darauf ankam, mich mit einem Mädchen unterhalten zu wollen. Demzufolge fiel mir auch nichts anderes ein, als sie zu fragen, ob dieser Stuhl noch frei sei. Ich weiß nicht mehr genau, welchen Quatsch ich ihr sonst noch sagte, aber nach wenigen Minuten wusste ich trotzdem schon ihren Vornamen und dass sie auch im Schichtdienst arbeiten musste.

Das Wichtigste war aber, dass ich mich auf ein baldiges Wiedersehen mit Karin freuen konnte. Das geschah denn auch schon am darauffolgenden Wochenende.

Karin wohnte mit ihrer Mutter und mit ihrer Oma in einem Zweifamilienhaus auf der Bergstraße in Dresden-Weixdorf. Ganz oben, unterm Dach, hatte Karin ein schönes, jedoch sehr kleines und geschmackvoll eingerichtetes Zimmer. Mir gefiel es sehr, wenn man aus dem Fenster schaute. Da hatte man einen wunderschönen Blick auf den zum Haus gehörenden Garten. Hinter diesem Garten befand sich ein kleiner Hohlweg, der vor einem mehrere Hektar großen Feld verlief. Auf diesem Feld stand das Korn im Sommer 1974 kurz vor der Reife.

Das war Balsam für meine Augen, die seit Jahren im Wesentlichen nichts anderes gesehen hatten als Beton auf den Baustellen und Asphalt oder Pflastersteine inmitten von Betonhäusern. Ich wohnte ja zu diesem Zeitpunkt noch in einem Neubaublock.

So wurde mir die kleine Wohnung meiner Liebsten immer vertrauter, schon deshalb, weil ich jede Möglichkeit nutzte, um mindestens jedes Wochenende Karin besuchen zu können. Eines Tages gab ich dann auch meine Wohnung in der Platte auf und fand ein neues Zuhause mit und bei meiner lieben Karin.

Obwohl ich mir einst vorgenommen hatte, nie, nie wieder zu heiraten, strich ich diesen Vorsatz schnell aus meinem Gedächtnis. Und obwohl ich Karin auch noch nicht allzu lange kannte, war ich mir auf jeden Fall sehr sicher, jetzt die Frau meines Lebens gefunden zu haben.

Ich wusste auch, als ich mit Karin im Januar 1975 den Bund der Ehe einging, dass nichts und niemand uns jemals auseinanderbringen würde. Ich war mir auch absolut sicher, dass ich mit dieser wunderbaren Frau ein gemeinsames, schönes Leben aufbauen konnte.

Im September 1975 wurde dann unser Sohn Alexander geboren. Eine glückliche und schöne Zeit. Alexander wuchs aber nicht als Einzelkind auf. Vielmehr hatte er bereits schon ein Brüderchen, denn meine Frau brachte einen kleinen Sohn mit in die Ehe. Sie war auch schon einmal unglücklich verheiratet. Das tat uns aber keinen Abbruch, ganz im Gegenteil, es machte uns aufgrund unserer Erfahrungen stark gegen alle Leute, die unsere Verbindung am liebsten auseinandergebracht hätten.

Im Sinne meiner Familie entschloss ich mich, endgültig Schluss zu machen mit dem Lotterleben auf den Baustellen. Ich wollte nun richtig im Hafen der Ehe Anker werfen, um einen neuen Anlauf zu nehmen für ein glückliches Familienleben.

Zuerst bewarb ich mich aber bei einer Dresdener Firma, die zwar zurzeit ebenfalls auf meiner erzgebirgischen Baustelle einen Montageauftrag hatte, aber mit der Maßgabe, dass ich im Stammhaus Dresden ein Büro bekam.

Ich hatte großes Glück, denn schon nach kurzer Bewerbungszeit wurde ich als TKO-Leiter eingestellt.

Meine Arbeit bestand in der Aufgabe, Kontrolltechnologien für die Qualitätssicherung von Montageleistungen auf allen Baustellen zu erarbeiten. Ich erhielt einen Dienstwagen, wodurch ich völlig unabhängig und selbstständig meine Arbeit ausführen konnte. Das war seit dem Studium das erste Mal, dass ich vor einer echten Herausforderung stand, nicht nur als Leiter schlechthin, sondern auch als Ingenieur.

Wer aber eine solche berufliche Position bekleidete, von dem erwartete man neben seinem beruflichen Engagement, dass er sich auch gesellschaftlich, zum Beispiel in seinem Wohnort, betätigte und vorbildlich verhielt.

Auf diese Weise erhielt ich von meiner Partei – in der DDR war dies die Liberale Demokratische Partei Deutschlands (LDPD) – ein Mandat für die Gemeindevertretung. Somit wurde ich Abgeordneter der Gemeinde Weixdorf. Zusätzlich übernahm ich, ebenfalls im Auftrage meiner Partei, ein Schöffenamt am Kreisgericht Dresden-Land.

Ehrlich gesagt, ich hatte mit der Annahme dieser beiden Ämter auch einen Hintergedanken: Als Abgeordneter stand mir von nun an das Recht auf Immunität zu; dadurch erhoffte ich mir, eine Beendigung der Stasinachstellungen zu erreichen. Meine Tätigkeit als Schöffe wird wohl auch dazu beigetragen haben, dass man mich mit weiteren Stasiverfolgungen verschonte.

Einige Jahre wohnte ich nun schon im Elternhaus meiner lieben Karin. Gewiss, wir konnten uns – nachdem Karins Oma verstorben war – die nun leer stehende Wohnung im Erdgeschoss des Hauses ausbauen. Um zusätzlich zwei weitere Räume zu gewinnen, durften wir auch einen Anbau an der vorhandenen Wohnung errichten.

Jetzt lernte ich zum ersten Mal, was es überhaupt bedeutete, in der DDR zu bauen. Die Genehmigung für den Anbau über das Bauamt war die eine Seite; die erforderliche Beschaffung des notwendigen Baumaterials die andere Seite. Wehe, wer hier nicht irgendeine Beziehung hatte oder irgendetwas zum Tauschen anbieten konnte.

Mit all diesen Hilfen gelang uns aber das schier Unmögliche: Wir schafften es und konnten nach zwei Jahren Bauzeit endlich in unsere selbst erschaffene Traumwohnung einziehen.

Als ich damals nach Weixdorf zog, war dieser Ort noch ein Dorf. Die Bergstraße selbst war zum Beispiel noch ein etwas breiterer Feldweg. Das Leben spielte sich aber besonders im vorderen Teil der Straße ab, denn dieser war am dichtesten bebaut. Eigentlich begann diese Straße mit dem alten Berggut und sie endete im Prinzip an dem ersten, nach links abbiegenden kleineren Feldweg, der zu den Feldern einer privat bäuerlichen Familie führte. Und genau in der Mitte, also zwischen dem Berggut und dem abbiegenden Feldweg nach links, wohnte ich nun mit meiner Familie.

Was ich aber noch immer vermisste, war ein gewisser Kontakt zu den alteingesessenen Nachbarn. Ich sage nicht umsonst alteingesessene Nachbarn. So benahmen sie sich auch anfangs; als sie mich näher kennenlernten, tauten sie allmählich etwas auf. Es gab aber männliche Typen, die verdächtig rasch eine Unterhaltung mit mir beginnen wollten, wenn auch nur über den Gartenzaun. Wenn man dann aber mit diesen Leuten irgendwann ins Gespräch kam, wusste man erfahrungsgemäß recht schnell, wessen Geistes Kind mal wieder vor einem stand.

Ich erkannte sofort die Gefährlichkeit eines solchen Momentes, in dem man sich in der DDR sehr genau überlegen musste, was man wem sagen konnte, ohne Gefahr zu laufen, plötzlich von gut gekleideten Herren in schwarzen Ledermänteln abgeholt zu werden. Auch verfügte ich zu meinem Glück über genügend Kenntnisse, wie man solchen Mitbürgern begegnen konnte, um nicht plötzlich doch noch eine Schlinge um den Hals gelegt zu bekommen.

So merkte ich auch schnell, dass man selbst als Abgeordneter von diesen Leuten nicht in Ruhe gelassen wurde

Aufgrund solcher Begegnungen und auch wegen anderer Vorkommnisse beschlossen meine liebe Karin und ich, uns ein neues Zuhause in Form eines Eigenheims zu schaffen. Natürlich war dies sehr schwer, denn zunächst brauchten wir erst einmal ein Stück Bauland.

Den Weg in das Bauamt der Gemeinde konnte ich mir von vornherein sparen. Die hatten andere Probleme, als Bauland zu vergeben. Also begab ich mich schnurstracks zum Bürgermeister persönlich.

Der hatte aber auch kein Land, um darauf ein Eigenheim bauen zu können. Er verwies mich daher an seinen Kollegen in der Nachbargemeinde, aber auch das blieb erfolglos.

Darüber vergingen Wochen und Monate; damit war für mich aber der Kampf um ein Stückchen Bauland noch lange nicht beendet. Ganz im Gegenteil: Das Thema »Bauen« beschäftigte uns Tag für Tag immer mehr.

Eines Abends, nach einer Gemeindevertretersitzung – ich wollte gerade das Rathaus verlassen – bat mich der Bürgermeister, doch noch einmal in sein Büro zu kommen.

Er machte es kurz und bündig: »Wenn du dich sofort entscheidest, kannst du ein Stück Land von der Gemeinde mit Nutzungsurkunde erhalten. Allerdings befindet sich das Baugrundstück direkt an der Hauptstraße.«

Wie man sich vorstellen kann, habe ich innerlich einen großen Luftsprung gemacht.

»Das ist für mich eine große Überraschung, ich freue mich riesig darüber! Selbstverständlich sage ich hier ein klares und deutliches ›Ja‹.«

Gut, dass ich diese Chance sofort wahrnahm. Ich hatte nicht einmal meine liebe Karin gefragt, ob sie überhaupt damit einverstanden sei. In diesem Falle war schnelles Handeln meinerseits notwendig.

An diesem Abend haben wir in unserer Traumwohnung auf der Bergstraße gefeiert und diese Feier mit einer traumhaft schönen Nacht beendet.

Nach dem Einreichen aller erforderlichen Bauunterlagen brauchten wir auch nicht sehr lange auf die erforderliche Baugenehmigung zu warten.

Wir erhielten die Genehmigung sowie die Projektunterlagen für einen bestimmten Eigenheimtyp, dessen Bauausführung meiner Frau und mir sehr gefiel. Dennoch, wir beide hatten gewisse Änderungswünsche, und dazu brauchten wir fachliche Unterstützung. In meiner Berliner Verwandtschaft wusste ich ja von zwei Fachleuten, auf die ich mich verlassen konnte, wenn es darum ging, mich schon in der Vorbereitung zum Hausbau beratend zu unterstützen.

Manfred und Dietmar reisten denn auch kurz entschlossen aus Berlin an, um meine Vorstellungen zum Hausbau als Herausforderung anzunehmen. Eine Herausforderung deshalb, weil ich es ihnen mit meinen Änderungswünschen nicht leicht machte. Ich war sehr froh, dass ich einen Bauprojektanten und einen Ingenieur in der Verwandtschaft hatte.

Nachdem nun alle Genehmigungen, einschließlich der Änderungen vom Bauamt in Ottendorf-Okrilla, abgesegnet waren, begann ich nun in die eigentliche Bauphase einzusteigen.

Wer das Bauen in der DDR erlebt hat, für den bräuchte ich dieses Kapitel eigentlich gar nicht zu schreiben. Ich bin mir sicher, dass viele Häuslebauer das gleiche Lied von dieser Zeit singen können, wie auch ich es erlebt habe. Dennoch möchte ich keinesfalls unzufrieden sein; ich habe es wie viele andere auch geschafft. Es gab aber auch einige wenige Hausbauer, die es nicht in den Griff bekamen, ihr Traumhaus fertigzustellen.

Das allergrößte Problem war die Bereitstellung des Baumaterials, angefangen mit den Ziegeln bis hin zur Badewanne. Jetzt waren wieder die persönlichen Beziehungen gefragt.

Der Aushub der Baugrube war ja noch ziemlich leicht zu organisieren. Man ging einfach im Ort zu dem Manne, der einem auch den Kies, Fertigbeton oder Mörtel für die Maurerarbeiten lieferte. Dieser Mann besaß selbstverständlich auch die entsprechenden Baumaschinen, um eine Baugrube ausheben zu können. Das exakte Vermessen der Baugrube übernahmen vorher Manfred und Dietmar.

Auf diese Weise wurden so die ersten Schritte zur Herstellung des Streifenfundamentes für die Außenmauern hergestellt, danach lieferte mir wieder unser Mann den erforderlichen Beton für die gesamte Grundplatte des Kellerfußbodens an. Bei der Verteilung der in die Ecke der Baugrube abgekippten Fertigbetonmasse halfen mir meine Frau und Antje, die Tochter des Lieferanten, mit. Antje hatte schon mehrfach mit Arbeiten solcher Art zu tun gehabt, ihre Erfahrungen halfen uns daher sehr. Immerhin hatten wir nur vier Stunden Zeit, den Fertigbeton in der richtigen und gleichmäßigen Höhe in der Baugrube zu verteilen.

In den staatlich gelenkten Baustoffversorgungen war unser Bauvorhaben mit der Erteilung der Baugenehmigung registriert, aber das hieß noch lange nicht, dass die Materialbereitstellung funktionierte. Oft war das Material, das man gerade brauchte, einfach nicht lieferbar.

So klemmte sich Karin oft in ihrer Dienststelle ans Telefon, mit dem Ziel, um Ziegel, Holz, Zement und viele andere dringend benötigte Baustoffen förmlich zu betteln.

Wären wir vielleicht durch Zufall im Besitz von Westgeld gewesen, was so mancher Bauherr besaß, so hätten wir garantiert keine Probleme mit irgendwelchen Materialsorgen gehabt.

Wir ließen uns aber nicht entmutigen. Was man anfängt, muss man auch zu Ende bringen. Wir kämpften wie Löwen um das ständig fehlende Baumaterial. Es war einfach zum Kotzen!

Denn trotz des guten Organisationstalentes, das Karin und ich schon beim Um- und Ausbau unserer ersten Wohnung auf der Bergstraße entwickelt hatten, brauchten wir für die Bauzeit unseres Hauses knapp vier Jahre. Wenn uns nicht viele Kollegen aus unseren beiden Betrieben tatkräftig unterstützt hätten, wir wären wohl heute noch nicht fertig.

Falls meine weitere Zeit es mir erlaubt, werde ich ein ausführliches Buch über die Erlebnisse eines Eigenheimbauers in der DDR schreiben. Ich bin fest davon überzeugt, dass sich der eine oder andere Häuslebauer in diesem Buche wiedererkennen wird. Schließlich haben wir alle an einem Strang gezogen.

Nun näherte sich das Richtfest. Karin und ich luden dazu selbstverständlich alle, die uns beim Bau unseres Hauses geholfen hatten, ein. Das war an diesem Tage ein lustiger Verein. Selbst unsere Gartennachbarn Helga und Helmut – also vom hinteren Teil des Grundstückes, sie hatten dort ein Bungalow nach russischer Bauart, auch als »Datsche« bekannt – waren herzlichst eingeladen.

Ob Maurer, Klempner oder Zimmermänner, Bauleiter Diplom-Ingenieur Manfred und Tiefbauingenieur Dietmar – alle kamen mit ihren Frauen zur großen Feier.

Petrus hatte es an diesem Tage in der Tat gut mit uns gemeint, er schickte uns herrlichen Sonnenschein und da dauerte es denn auch gar nicht lange, bis die ersten Gäste schon die Wirkung des Alkohols spürten.

Alkohol war genug vorhanden; im Rohbau des Hauses wurde getanzt und insgesamt herrschte eine hervorragende Stimmung.

Man hatte ja viele Gesprächsthemen. Nummer eins war die Arbeit, die in diesen Jahren für jeden Mann und für jede Frau so selbstverständlich war wie das Vaterunser in der Kirche.

Politische Themen wurden wie immer außen vor gelassen. Das hatten inzwischen so ziemlich alle DDR-Bürger in dem fast 40-jährigen Bestehen des sozialistischen Staates gelernt. Man wusste ja nie genau, ob nicht doch der oder die eine oder andere im besonderen Auftrag an einer Feier teilzunehmen hatte. Es war schon sehr merkwürdig – selbst von solch kleinen, internen Feierlichkeiten erfuhren die Spitzel immer.

Ich habe es oft genug erlebt, dass anlässlich irgendeiner größeren Familienfeier plötzlich Leute auftauchten, deren Besuch man überhaupt nicht erwartet hatte. Zumal man diese Leute auch gar nicht in dem Kreis seiner Bekannten wusste. Die kamen oft mit einem Blumenstrauß, gratulierten artig, um sich danach unauffällig unter die

Gäste zu mischen. Selbst wenn man ahnte, wer sich da wieder einmal eingeschlichen hatte, die anderen Gäste zu warnen, nein, das konnte man auch nicht riskieren. Andererseits wusste man ja auch gar nicht, ob unter den Gästen nicht auch schon Leute aus den Kreisen der Staatssicherheit dabei waren.

Kurze Zeit später, als das Richtfest schon der Vergangenheit angehörte, kündigten mir meine Maurer ihre Arbeitsniederlegung auf meiner Baustelle an. Ich konnte mir ihr Verhalten nicht erklären. Sie hatten ihren Lohn pünktlich nach jeder Arbeitsleistung erhalten.

Später erfuhr ich, dass ein anderer Häuslebauer mir diese Truppe hatte abwerben können, weil er in der glücklichen Lage war, einen Teil der Löhne mit Westgeld begleichen zu können. Da konnte ich natürlich nicht mithalten. In der DDR an Westgeld heranzukommen, war, als wenn man einen Volltreffer im Lotto hätte.

So schnell eine andere Bautruppe zu bekommen, war derzeit nicht möglich. Zum Glück hatte ich eine bergmännische Ausbildung. Durch die Vielseitigkeit dieses schönen Berufes habe ich unter anderem auch Mauern und ein wenig Verputzen erlernt. Diese Kenntnisse kamen mir jetzt zugute, es mussten ja noch zwei Giebelwände vom Obergeschoss bis zum Dachfirst errichtet werden.

Nun blieb mir also nichts anderes übrig, als die restlichen Bauleistungen an unserem angefangenen Bauwerk gemeinsam mit meiner Frau fertigzustellen.

Tapfer und ohne großes Klagen half mir meine Frau beim Transport der Ziegel und der noch schwereren Betonsteine. Auch den Mörtel stellte sie in Eimern bereit. Das war für eine Frau eine sehr schwere Arbeit. Ich habe noch heute große Hochachtung vor dieser Leistung, die sie erbringen musste, obwohl sie schwanger war. Unter solchen und ähnlichen Bedingungen schafften wir zwei es, noch bis Ende des Jahres den Rohbau so weit fertigzustellen, um ihn dann dem Winter zu überlassen.

Im Dezember 1985, kurz vor Weihnachten, wurde unser Sohn Sebastian geboren.

Jetzt unternahm ich alles, um den Bau so schnell als möglich fertigzustellen. Doch trotz unseres gemeinsamen Organisationstalentes, welches meine liebe Karin und ich immer mehr entwickelten, gelang es uns einfach nicht, vor dem geplanten Ende der Bauzeit fertig zu werden. Zu groß waren die Engpässe in der Materialbereitstellung für das komplette Haus. Die wirtschaftliche Krise in der DDR nahm immer weiter zu, und während E. H. vergnügt durch die Welt reiste, konnte sein Volk zu Hause sehen, wo es blieb. Am liebsten hätten wir kurz vor Fertigstellung des Hauses mit dem Bauen aufgehört.

Meine Frau und ich hatten aber einen starken Willen, denn wir wollten mit aller Macht ans Ziel kommen, und wir gewannen auch. Im November 1987 zogen wir aus unserer Traumwohnung in das mit großen Strapazen geschaffene und persönliche Eigentum, nämlich in unser wunderschönes Einfamilienhaus. Wir waren sehr stolz auf unsere Leistungen. Wir hatten es doch tatsächlich mit unserem starken Willen geschafft, uns ein eigenes Haus zu bauen.

Jetzt hatte ich eigentlich alles, wie ich es mir gewünscht hatte.

Nur einen Wunsch wollte ich mir und meiner Familie noch erfüllen. Da ich mich viele Jahre meines Lebens immer auf Baustellen außerhalb meiner Wohnsitze aufgehalten hatte, wollte ich nun endgültig damit Schluss machen. Bisher hatten wir nie ein geregeltes Familienleben gehabt, und meine Familie machte jetzt ihren Anspruch darauf geltend.

In einem Weixdorfer Betrieb – ein Betriebsteil eines großen Kombinates in Thüringen – war die Stelle des Technischen Leiters unbesetzt. Davon erfuhr ich durch Zufall und ich bewarb mich dementsprechend.

Im September 1989 war ich der neue technische Leiter mit allen Rechten und Pflichten.

Von diesen Aufgaben in irgendeiner notwendigen und betriebsbedingten Art Gebrauch zu machen, war in Zusammenarbeit mit einer kommunistischen Leitungshierarchie jedoch absolut unmöglich.

Wenn ich je geahnt hätte, worauf ich mich da einlasse, wäre ich mit Sicherheit auf meiner letzten Baustelle geblieben. Aber ich hatte nicht im Geringsten geahnt, dass ich bereits der sechste Kollege war, der dieses Amt erhielt.

Da ich nun auch kein Genosse der SED, sondern nur in einer Blockpartei war – in der von den Genossen viel geliebten DDR –, ließ man mich dies durch jede Menge Misstrauen auch entsprechend spüren. Auf dieses Verhalten meiner Kolleginnen und Kollegen in der Leitungsebene, einschließlich des Gewerkschaftssekretärs, gab ich im Prinzip nicht viel.

Diese Leute waren absolut rote Gesinnungsgenossen ihrer SED-Partei. Sie waren die Schlimmsten, die ich jemals in der DDR kennengelernt hatte. Sie waren der sogenannte harte Kern.

Klar, dass ich nun als Außenseiter gegen solche Leute keine Chance hatte, um mich entsprechend im Betrieb entwickeln zu können. Meine Bemühungen, diesen Betrieb technisch auf Vordermann zu bringen, scheiterten an diesen Betonköpfen, die all meine Arbeit zunichtemachten.

Aber vieles im Leben ist Zufall und so kam mir dieser auch jetzt wieder einmal im richtigen Augenblick. Ich wusste, in diesem Betrieb sind meine Tage gezählt, die brauchten nur noch einen Grund, um mich rauszuschmeißen

Und diesen Grund lieferte ich ihnen freiwillig.

Als im August und September 1989 unter anderem auch in Dresden die friedlichen Demonstrationen für die Einheit Deutschlands durchgeführt wurden, war es für mich das Selbstverständlichste auf dieser Welt, an diesen Demos teilzunehmen. Unser Marsch, an dem Tausende Menschen teilnahmen, führte auch an der Stasidienststelle vorbei.

Auf den breiten Portalstufen, die zum Eingang des historischen Gebäudes hinführten, stellten viele Demonstranten ihre brennenden Kerzen ab.

Ich aber hatte nicht den Mut, es den anderen gleichzutun. Ich konnte mir gut vorstellen, dass die Stasileute in ihren dunklen Büroräumen hinter den Fensterscheiben den einen oder anderen von uns vielleicht im Visier hatten. Solange ich mir nicht sicher war, ob die Montagsdemos überhaupt den erwünschten Erfolg für das Volk brachten, musste ich mich schon noch vorsichtig verhalten. Immerhin war ich in den Akten der Organe ein westdeutscher Agent. Ich ließ mir aber keine Montagsdemo entgehen. Das war das wenigste, was ich tun konnte, um für das große Ziel mitzukämpfen.

Selbstverständlich erfuhr die rote Heeresleitung meines Betriebes von diesem meinem Tun. Als Resultat wurde mir sofort gekündigt, mit der Begründung, dass ich meinen Arbeitsaufgaben nicht gewachsen sei. Diese schriftliche Kündigung erhielt ich vom Betriebsleiter und sie war durch den Gewerkschafter des Betriebes als Bestätigung gegengezeichnet.

Da ich aber diese Kündigung bereits erahnt hatte, hatte ich mich schon früh genug um ein Gewerbe bemüht, das ich dann auch erhielt. Zu meinem großen Glück konnte ich mit guten Referenzen aus den beiden vorletzten Betrieben vorstellig werden und meinem Gewerbebrief stand nichts mehr im Wege.

Keiner der Leitungsmitglieder ahnte etwas über meine plötzliche Selbstständigkeit, und noch ehe es die DMark im Osten gab, konnte ich bereits mit bundesdeutscher Firmenhilfe und einem ausreichenden Kredit mein Unternehmen gründen.

Es sollte mir ein echtes Vergnügen bereiten, als ich am letzten Tag meiner Anwesenheit im Betrieb – man hatte mir übrigens schon zwei Wochen vorher meinen Bürostuhl entfernt – meine Peiniger zu einer Tasse Kaffee und einer Bockwurst einlud.

Die wussten noch immer nicht, weshalb ausgerechnet ich diese Einladung aussprach. Und sie kamen alle!

Sie nahmen Kaffee und Bockwurst wohlwollend an. Und während des absolut belanglosen Gespräches – denn mehr kam mit diesen mir äußerst unsympathischen und charakterlosen sogenannten Mitarbeitern einfach nicht zustande – sprach ich den Satz, der mir wie Öl herunterging:

»Liebe Kolleginnen, liebe Kollegen, ich wollte euch nur mitteilen, dass ich ein Unternehmen gegründet habe und bereits ab übermorgen mit meiner Selbstständigkeit auch meine eigene Produktion aufnehme.« Und bevor auch nur einer eine dumme Frage stellen konnte, setzte ich noch einen drauf:

»Ich bin sehr froh, dass auch schon jetzt ausreichend Aufträge eingegangen sind. Somit brauche ich mir um meine Zukunft vorerst keine Sorgen zu machen.«

So viele dumme Gesichter auf einem Haufen habe ich tatsächlich noch nie gesehen. Jetzt hatte ich mich obendrein in den Köpfen dieser roten Fanatiker auch noch zum Kapitalismus bekannt!

Unter uns gesagt: Dabei war ich eher froh darüber, dass ich mich und meine Familie als über 50-jähriger gesunder Mann mit dem eigenen Unternehmen vor der vielleicht auch für mich zu erwartenden Arbeitslosigkeit retten konnte.

Mit diesen Gedanken verließ ich also die ehrenwerte Leitung dieses für mich definitiv letzten Volkseigenen Betriebes.

Bereits nach kurzer Zeit hatte auch dieser Betrieb am Markt keinerlei Überlebensmöglichkeit mehr und musste deshalb geschlossen werden. Durch die Unfähigkeit einiger Leitungsmitglieder, die von den neuen Technologien des Westens nicht viel oder so gut wie gar nichts verstanden – und die demzufolge auch nicht im Betrieb eingesetzt werden konnten –, verlor plötzlich die gesamte Belegschaft ihre Arbeit und stand damit auf der Straße.

Jedoch so schlimm war das für einige SED-Leute alles gar nicht, denn diese Damen und Herren der oberen Leitungsebene hatten mit Sicherheit ihre Schäfchen vorher ins Trockene gebracht.

Wie man im Volke weiß, sollen einige dieser Personen schon wieder auf gehobenen Posten in den neuen wirtschaftlichen Bereichen ihr gutes Auskommen gesichert wissen.

1990 – also im Jahr der deutschen Einheit, ich bin bereits im Alter von 52 Jahren – wird mir mehr denn je bewusst, wie unendlich lange ich in einem unfreien und menschenverachtenden Staat leben musste. Immerhin waren es 28 Jahre meines Lebens, die mich dieser DDR-Staat meiner Freiheit beraubt hat.

Die Wende – die Freiheit!

Als durch die Wende das Ziel der deutschen Einheit erreicht war, begann auch für mich ein neuer Lebensabschnitt. Endlich war ich wieder frei. Ich konnte es selbst noch gar nicht so recht glauben, was da alles um mich herum geschah. Auch wenn ich mich aktiv an den friedlichen Montagsdemonstrationen beteiligte und mir das Ziel dieser Demos wohl bewusst war, so war es dann doch nicht ganz einfach, nun plötzlich ein Leben in der deutschen Einheit überhaupt erst einmal wieder zu verstehen.

Ich musste es wieder lernen, in einer neuen Freiheit zu leben und zu arbeiten. Und ich musste auch gewisse Ängste, denen ich in den Jahren meines unfreiwilligen DDR-Aufenthaltes oft genug ausgesetzt war, wieder loszuwerden versuchen.

Hatten jetzt wirklich alle Verfolgungen gegen meine Person ein Ende? Lange brauchte ich auf diese Antwort nicht zu warten. Einige dieser Leute waren mir bekannt, da sie aus meiner Umgebung stammten. Selbst aus meiner letzten Arbeitsstelle kannte ich diese Typen.

Und so dauerte es nicht lange, bis dieser Menschenschlag sich ab und an mal in meinem Geschäft blicken ließ, sei es, um etwas zu kaufen oder auch nur um zu schnüffeln. Dabei blieb es aber – mehr Möglichkeiten hatten diese Leute zum Glück nicht mehr!

Mit meinem Unternehmen ging es steil nach oben, die Nachfrage nach der von mir angebotenen Ware war bei der Bevölkerung recht groß, sie stand hoch im Kurs. Die Möglichkeit, sich nun auch schöne Dinge rund um das Wohnen kaufen zu können, hatte zur Folge, dass ich mir vom ersten Tag an eine feste Stammkundschaft aufbauen konnte. Es machte mir große Freude, wenn man mir die Innenarchitektur für Wohnungen, Cafés, Büroräume und große Speisesäle anvertraute.

Im ersten Jahr der deutschen Einheit hatte ich den sehnlichsten Wunsch, einmal meinen Bruder in den alten Bundesländern zu besuchen.

Mit einem auf Kredit gekauften, aber neuen Transporter fuhren wir dann auch eines schönen Tages kurz entschlossen in den Westen. Vielleicht stammen die Begriffe »Wessis« und »Ossis« von diesem geografischen Oberbegriff. Mit diesen Begriffen wollten und konnten meine Frau und ich – wie das aber bei vielen ehemaligen DDR-Bürgern inzwischen schon der Fall war – uns nicht anfreunden.

Wir fuhren deshalb auch nicht in den Westen, sondern nach Dortmund, zu meinem Bruder und meiner Schwägerin. Übrigens, meine Schwägerin kannte ich noch gar nicht, ich war mir auch nicht sicher, ob ich meinen Bruder überhaupt noch erkennen würde. Meine liebe Karin hatte es da noch etwas schwerer, sie kannte ja beide neuen Verwandten nicht.

Doch wie es im Leben manchmal so ist, spielte der Zufall Schicksal. Und das kam so:

Wenige Minuten vor der ersten Begegnung mit meinem Bruder brach sich meine Frau beim Begehen einer Freitreppe das Sprunggelenk des rechten Fußes. Nun stand ich völlig ratlos wie ein begossener Pudel da und wusste nicht, wie ich meiner lieben Karin helfen konnte. Auch der Frau meines Bruders stand das Entsetzen über Karins Unglück im Gesicht geschrieben.

In dieser Situation kam mein Bruder dazu; doch ehe wir uns alle richtig begrüßen konnten, musste mein lieber Bruder sofort fachgerechte Erste Hilfe für mein liebes Eheweib leisten. Für ihn war das im Prinzip kein großes Problem, ist er doch Sportlehrer für Rehabilitanden. Selbstverständlich ist er auch in der Ersten Hilfe perfekt. Und weil mein Bruder berufsbedingt ständigen Kontakt mit den Ärzten aufrechterhalten muss, war es für ihn denn auch nicht schwer, zur Abendstunde noch einen entsprechenden Facharzt herbeizuholen.

Noch am gleichen Abend wurde meine Frau operiert, danach war sie für zwei Wochen Patientin in einem Dortmunder Krankenhaus.

Ich hatte dringende geschäftliche Termine, sodass ich nicht in Dortmund bleiben konnte, um meine Frau täglich im Krankenhaus besuchen zu können. Ich habe mich sehr gefreut, dass Karin daher viele Besuche von meinem Bruder und meiner Schwägerin erhielt. Dafür danke ich den beiden von ganzem Herzen.

Die Jahre sind vergangen, Deutschland ist zusammengewachsen, aber was zusammengehört, ist trotzdem noch lange nicht erreicht. Der Beton in den Köpfen auf der einen Seite, das solidarische Empfinden in den Herzen auf der anderen Seite, das lässt noch viel zu wünschen übrig. Mag sich ein jeder selbst fragen, auf welcher Seite er sich eigentlich befindet.

Den ständigen Diskussionen in den Medien kann man auch nicht mehr folgen.

Auch das ständige Gezerre und Gezanke zwischen den Parteien, wer Schuld hat an diesem und jenen derzeitigen Zustand im Lande, ist für uns Deutsche schlicht und einfach beschämend. Dem Willen des deutschen Volkes, das die Einheit Deutschlands sehr diszipliniert und mit friedlichen Mitteln erreicht hat, sollte man endlich auf beiden Seiten Rechnung tragen. Vielleicht erleben es meine Kinder, dass eines Tages in ganz Deutschland gleiche und soziale Lebensbedingungen in allen Bereichen geschaffen sind.

Dafür bin auch ich selbst, wie viele andere auch, auf die Straße gegangen.

Ich bin kein Politiker mehr und doch möchte ich an dieser Stelle noch ein paar, wie ich meine, wichtige Anmerkungen über meine Einstellung zur Politik darlegen.

Schließlich hat mich die Politik durch mein ganzes Leben begleitet. Dabei habe ich im Laufe der Jahre feststellen müssen, dass ich nicht dazu taugen würde, jemals eine Politik nur mit dem Verstand allein zu machen. Da sieht man ja, was bei manchen Leuten zustande kommt. Sie haben oft eines vergessen, nämlich ihre Gefühle mit in die Gestaltung ihrer politischen Arbeit einzubeziehen. Vielleicht gäbe es dann weniger Unzufriedenheit bei den Menschen im deutschen Lande.

Gerne, sehr gerne denke ich daher oft an meine Jugend, in der ich ein wenig das Wirtschaftswunder in der Bundesrepublik mit aufbauen half, auch wenn ich noch ein Lehrling war. Diese Zeit wird wohl kaum einer aus meiner Generation vergessen. Es machte einfach Freude zu sehen, wie das vom Zweiten Weltkrieg zerstörte Deutschland sich langsam, aber sicher wieder erholte. Natürlich ging dies nur mit dem Fleiß des Volkes, das sich nicht scheute, jede nur erdenkliche Möglichkeit einer Arbeit anzunehmen.

In großer Dankbarkeit erinnere ich mich auch der hervorragenden Politiker unseres Landes aus dieser wohl wichtigsten Zeit für uns Deutsche. Wären diese Männer nicht auf der politischen Bühne der Bundesrepublik Deutschland in Erscheinung getreten, wer weiß schon, wo wir dann heute ständen.

Oft genug ertappe ich mich daher immer wieder in meinen Gedanken an die schöne Zeit des Wirtschaftswunders in den Fünfzigerjahren.

Epilog

Ich glaube, es ist nicht leicht, ein Buch zu schreiben, in dem es insbesondere auf einen wahrheitsgetreuen Inhalt ankommt.

Da muss man schon genau überlegen, wie man welche Gedanken und Erinnerungen an eigentlich längst vergangene Zeiten mit den richtigen Worten zu Papier bringt. Wie man auch unschwer erkennt, blicke ich mit meinen Zeilen auf ein bewegtes, bisweilen schönes, aber eben auch auf ein schweres und mitunter sehr scharfkantiges Leben zurück. Ebenso schwer ist es, die Übersicht hinsichtlich meiner Vergangenheit nicht aus den Augen zu verlieren. Dabei muss ich mir schon selbst eingestehen, dass man einige Situationen oder Erlebnisse nach etwa 60 Jahren nicht ganz so detailgetreu wiedergeben kann, sondern eben so, wie man alles in Erinnerung hat.

Das bedeutet aber keinesfalls, dass ich irgendetwas hinzugedichtet oder geschwindelt habe. Möglicherweise wäre das eine oder andere Ereignis aus meinem Leben auch erwähnenswert gewesen, jedoch möchte ich den Rahmen meiner Erzählung nicht sprengen.

Und dennoch: Ich möchte nicht einen Tag meines Lebens missen!

Selbst die schrecklichen Erlebnisse der letzten Monate des Zweiten Weltkrieges, die ich zwar nur als sechs- bis siebenjähriger kleiner Junge hatte – daran erinnere ich mich noch recht gut –, haben mein eigenes Ich so stark geprägt, dass es ausreichte, um mich trotz vieler Kümmernisse und Fehlschläge in den späteren Jahren noch zu einem selbstbewussten Menschen entwickeln zu können. Nur mit diesen Erkenntnissen bin ich heute in der Lage, ein solches Buch wie das vorliegende überhaupt zu schreiben.

Eben dieser »rote Faden«, auf den ich bereits im Vorwort meines Buches hinwies, verfolgte mich ein ganzes Leben lang – immerzu. Ich könnte mich nun in Einzelheiten meines zum Teil ereignisreichen Lebens verlieren. Das werde ich natürlich nicht tun; dennoch glaube ich, dass es sehr wichtig ist, noch einmal auf einige besondere Ereignisse hinzuweisen, und zwar nicht nur aus der weit zurückliegenden Vergangenheit meines Lebens, worüber ich ja schon berichtet habe, sondern auch und insbesondere aus jüngster Zeit. Es war die Zeit um und nach der Wende, nämlich in der Geburtsstunde der deutschen Einheit.

Ich habe auch zu diesen Leuten gehört, denen man die Angst ansah, als sie sich wagemutig an den Montagsmärschen beteiligten. Damit will ich aber nicht sagen, ich wäre ein Feigling gewesen. Vielmehr beschäftigte mich die Sorge, ob nicht wieder irgend so einer von der Staatssicherheit der DDR – etwa jemand aus meiner damaligen Nachbarschaft – dass ein solcher Mensch meiner Familie und mir noch einen politisch-ideologischen Schaden zufügen könnte. Dazu konnte es wahrscheinlich nicht kommen, weil diese Sorte von Menschen wahrscheinlich und inzwischen auch mit sich selbst zu tun hatte.

Heute – ich bin nun im fortgeschrittenen Lebensalter – erlaube ich mir höflichst ein paar Worte an meine drei Söhne zu richten, was allerdings leichter gesagt ist als getan. Aber es muss mal offen gesagt werden: Ihr müsst wissen, liebe und inzwischen schon sehr erwachsene Kinder, dass auch ich in meinem Leben viel Schönes erlebt habe, gleichermaßen aber ebenso viele Stolpersteine überwinden musste. Der beste Weg zu einem einvernehmlichen Verhältnis zwischen Jung und Alt ist deshalb gegenseitiger Respekt und Achtung voreinander.